온 가족이 함께하는

3분 예배

신약편

ⓒ 생명의말씀사 2021

2021년 11월 30일 1판 1쇄 발행

펴낸이 | 김창영
펴낸곳 | 생명의말씀사

등록 | 1962. 1. 10. No.300-1962-1
주소 | 서울시 종로구 경희궁1길 6 (03176)
전화 | 02)738-6555(본사) · 02)3159-7979(영업)
팩스 | 02)739-3824(본사) · 080-022-8585(영업)

지은이 | 장상태

기획편집 | 서정희, 김유미, 장주연
디자인 | 박소정, 김혜진
인쇄 | 영진문원
제본 | 정문바인텍

ISBN 978-89-04-16784-5 (03230)

저작권자의 허락 없이 이 책의 일부 또는 전체를
무단 복제, 전재, 발췌하면 저작권법에 의해 처벌을 받습니다.

온 가족이 함께하는

3분 예배

장상태 지음

신약 말씀으로
구원의 예수님을 만나는
가정예배

날마다 하나님을 예배하며
예수님을 알아가는
복된 가정이 되기를 소망합니다.

추천사

오늘보다 내일 더 나아지는 가정으로

좋은 신앙생활은 오늘보다 내일이 나아지는 것입니다. 오늘은 어렵고 힘들어도 주 안에서 자녀가 잘되고 다음 세대가 왕성해지면 좋은 가정, 좋은 교회입니다. 이것은 하루아침에 이루어지는 것이 아니지만, 오늘을 어떻게 사느냐에 따라서 가능한 일이기에 소망이 있습니다. 즉, 지금의 형편과 환경에 의해 운명 지어지지 않고 주 안에서 변화될 수 있고 인생 역전까지 이룰 수 있는 것이 신앙생활의 특권이며 은혜입니다.

누가 이 특권을 누릴 수 있을까요? 생명의 양식인 주의 말씀을 매일 섭취하는 자들입니다. 더욱이 날마다 온 가족이 3분 예배 가이드를 따라 묵상하고 기도하며 격려하는 예배를 드리면, 하늘의 보화를 누리며 성취하는 가정이 될 것입니다. 『온 가족이 함께하는 3분 예배』의 교리편과 구약편에 이어서 신약편의 출간을 기쁘게 여기며, 많은 믿음의 가정이 이 은혜를 풍성하게 누리기를 소망합니다.

임만호 (군산드림교회 담임목사)

가정예배의 장애물을 덜어주는 책

　미국에서 종교성이 높은 교파나 교단을 보면 공통점이 있습니다. 가정에서 신앙 교육이 잘 이뤄지고 있다는 것입니다. 한국 교회도 건강하게 부흥을 경험했던 시대의 특징이 있습니다. 가정의 신앙 교육이 잘 되었었고, 특히 가정예배가 살아 움직이고 있었습니다. 포스트 코로나 시대에 우리는 가정예배가 중심이 되는 가정 신앙 교육의 중요성을 더 크게 체험하고 있습니다.

　가정예배에 있어서 현대인들의 가장 큰 장애물이 바쁘고 분주한 일상인데, 이 책은 그 어려움도 다 덜어주고 있습니다. 하루에 딱 3분만 투자하면 온 식구가 함께 예배하며 영적 공동체를 세울 수 있습니다. 무엇보다 이 책의 가장 큰 장점은 온 식구들이 함께 신약 전체를 볼 수 있는 큰 그림을 그릴 수 있다는 점입니다. 또한, 이 책으로 온 식구가 신약 전체를 공부하면서 예배드릴 수 있습니다. 가정예배는 반드시 한국 교회가 회복해야 할 영적 생태계입니다. 『온 가족이 함께하는 3분 예배, 신약편』이 영적 생태계 회복에 크게 기여할 것을 믿어 의심치 않습니다.

이정현 (청암교회 담임목사)

가정에 뿌리는 복음의 씨

예수님은 늘 어린이들을 안아주시면서 이들이 내게 오는 것을 금하지 말라고 하셨습니다. 또한 내 이름으로 이런 어린아이 하나를 영접하면 곧 나를 영접함이라고 하시며, 어린이들에 대한 애틋한 사랑을 몸소 보여주셨습니다.

오늘날 우리 믿음의 부모들은 부드러운 밭 같은 어린이들에게 복음의 씨를 뿌리고, 믿음의 씨를 뿌리고, 사랑의 씨를 뿌려야 합니다. 그럴 때 도구로서 본 도서를 꾸준히 원리대로 잘 사용하기만 한다면, 각 가정이 어느덧 신앙 명문가로 변해 있을 것이라 믿기에 기꺼이 추천하는 바입니다.

이병렬 (거창중앙교회 담임목사)

contents

추천사 | 7
서문 성경은 하나님이 우리에게 주신 선물이에요 | 15
이 책의 활용법 | 19

◆ 서론
01 **왜 하나님은 성경을 주셨나요?** | 24
02 **왜 신약 성경이라고 하나요?** | 26

◆ 복음서
03 **마태복음 1** 우리의 약함을 사용하시는 예수님 | 28
04 **마태복음 2** 가난한 자에게 천국을 주시는 예수님 | 30
05 **마태복음 3** 우리를 왕으로 통치하시는 예수님 | 32
06 **마태복음 4** 우리의 죄 때문에 고난받으신 예수님 | 34
07 **마태복음 5** 우리의 영생을 위한 예수님의 부활 | 36
08 **마가복음 1** 고난받는 자를 위로하시는 예수님 | 38
09 **마가복음 2** 우리 죄를 위한 예수님의 십자가 형벌 | 40
10 **마가복음 3** 죽음을 이기신 예수님 | 42
11 **누가복음 1** 우리를 사랑하시는 예수님 | 44
12 **누가복음 2** 기도하는 모범을 보여 주신 예수님 | 46
13 **누가복음 3** 이웃을 몸처럼 사랑하신 예수님 | 48
14 **누가복음 4** 우리가 예수님의 증인입니다 | 50
15 **요한복음 1** 하나님의 자녀가 되는 권세를 주셨어요 | 52
16 **요한복음 2** 예수님의 최고 계명, 서로 사랑 | 54
17 **요한복음 3** 우리를 향한 예수님의 끝없는 사랑 | 56

신 약 말 씀 으 로 구 원 의 예 수 님 을 만 나 는 가 정 예 배

◆ **역사서**

18	**사도행전 1** 교회의 시작, 성령님이 오셨어요	58
19	**사도행전 2** 세계 선교는 하나님의 계획이었어요	60
20	**사도행전 3** 사랑의 눈물로 전해지는 복음	62
21	**사도행전 4** 로마 제국을 이긴 복음	64

◆ **바울서신**

22	**로마서 1** 서로의 부족함은 섬김의 기회예요	66
23	**로마서 2** 모든 사람은 죄인이에요	68
24	**로마서 3** 우리를 위해 기도하시는 성령님	70
25	**로마서 4** 변화된 삶이 거룩한 산 제사입니다	72
26	**고린도전서 1** 연약한 자를 향한 감사	74
27	**고린도전서 2** 최고의 은사는 사랑이에요	76
28	**고린도후서 1** 나의 약함은 예수님의 강함이에요	78
29	**고린도후서 2** 약할 때가 강할 때입니다	80
30	**갈라디아서 1** 오직 믿음으로 구원을 얻어요	82
31	**갈라디아서 2** 진짜 자유는 복음 안에 있어요	84
32	**에베소서 1** 교회는 예수님의 몸이에요	86
33	**에베소서 2** 교회는 하나님의 사랑으로 성장해요	88

contents

34 **빌립보서 1** 예수님을 사랑하면 고난은 힘들지 않아요 | 90
35 **빌립보서 2** 우리는 하늘 시민권자예요 | 92
36 **골로새서 1** 예수님은 성자 하나님이세요 | 94
37 **골로새서 2** 예수님을 믿는 사람은 새사람이에요 | 96
38 **데살로니가전서 1** 믿음의 공동체는 위로의 통로예요 | 98
39 **데살로니가전서 2** 시간은 하나님 손에 있어요 | 100
40 **데살로니가후서 1** 종말은 기쁜 날이에요 | 102
41 **디모데전서 1** 교회를 세우기 위해 직분을 주셨어요 | 104
42 **디모데전서 2** 기도와 말씀으로 영적 근력을 키워요 | 106
43 **디모데후서 1** 인생의 목적은 하나님의 영광이에요 | 108
44 **디도서 1** 교회를 건강하게 세워요 | 110
45 **빌레몬서 1** 예수님 사랑은 모든 갈등을 해결해요 | 112
46 **히브리서 1** 우리를 위한 예수님의 세 가지 직분 | 114
47 **히브리서 2** 우리를 위해 어린양이 되신 예수님 | 116
48 **히브리서 3** 우리의 본향은 하늘이에요 | 118

신약 말씀으로 구원의 예수님을 만나는 가정예배

◆ 일반서신

49 **야고보서 1** 믿음은 행함으로 증명돼요 | 120
50 **베드로전서 1** 하나님은 모든 일을 섭리하세요 | 122
51 **베드로전서 2** 고난은 잠깐이지만, 영광은 영원해요 | 124
52 **베드로후서 1** 예수님은 마지막 때 심판주로 오세요 | 126
53 **요한일서 1** 하나님의 사랑으로 세상을 이겨요 | 128
54 **요한이서 1** 신앙은 사랑 안에서 자라요 | 130
55 **요한삼서 1** 섬기는 사람이 복을 받아요 | 132
56 **유다서 1** 서로의 약함을 불쌍히 여겨요 | 134

◆ 예언서

57 **요한계시록 1** 하나님은 교회를 보호하세요 | 136
58 **요한계시록 2** 하나님은 반드시 악을 멸하세요 | 138
59 **요한계시록 3** 마지막 때 하나님의 나라가 완성돼요 | 140

서문

성경은 하나님이 우리에게 주신 선물이에요

오늘 내가 네게 명하는 이 말씀을 너는 마음에 새기고
네 자녀에게 부지런히 가르치며 **신명기 6:6-7**

성경은 하나님이 우리에게 주신 말씀입니다. 하나님은 우리에게 하나님에 관한 진리를 드러내 보여 주셨어요. 하나님은 왜 인간에게 진리의 말씀을 알려 주셨을까요? 인간은 스스로 하나님을 찾고 발견할 수 없기 때문이에요.

사람은 자기 힘으로 하나님을 찾을 수도 없고, 알 수도 없습니다. 사람은 죄를 가지고 태어나기 때문에 마음과 생각과 판단이 오염되어 있어요. 그렇기에 완전한 진리에 이를 수 없지요. 참된 진리를 스스로 깨닫지 못합니다.

하나님은 그렇게 죄악 가운데 있는 사람을 긍휼히 여기셔서 자신에 관한 진리를 스스로 드러내 보여 주셨어요. 성경이 존재한다는 것 자체가 우리를 위한 놀라운 하나님의 사랑입니다.

그런데 성경을 읽는다고 모든 사람이 진리에 이르는 것은 아닙니다. 이 진리의 말씀이 내 영혼을 살리고 참된 행복을 주는 하나님의 계시라는 사실을 믿을 수 있는 마음은 오직 하나님이 선택하신 자녀에게만 주시는 은혜입니다.

선택하신 이유와 근거는 우리 안에 있지 않고 하나님 안에 있기 때문에, 그 선택은 선하고 공정합니다. 하나님은 전적으로 하나님의 속성에 근거해 우리를 선택하셨습니다. 이것은 본질상 진노의 자녀였던 인간에게 베푸신 매우 특별한 은혜입니다. 모든 사람은 원래 자신의 죄로 인해 심판을 받아야 하는 존재였습니다.

그러나 하나님의 사랑에 근거해서 하나님이 선택하신 사람에게는 믿음이 주어집니다. 성경을 읽을 때 하나님이 믿음을 주시고, 말씀을 따라 살고 싶은 의지도 주시며, 예수 그리스도를 영접하고 영원한 생명을 얻게 하시지요.

더 나아가 하나님을 아버지로 고백하고 예수 그리스도를 믿는 믿음을 통해 성령님의 조명하심으로 진리를 더 깊이 깨닫게 되어요. 그래서 생각과 말과 마음까지 거룩하게 변화될 수 있답니다. 성경을 통해 진리에 이를 때 그동안 인간이 얼마나 깊은 죄악의 비참함 가운데 있었는지 비로소 알게 돼요.

하나님은 우리를 위해 진리의 말씀을 약 1,500년 동안 40여 명의 저자를 통해서 쓰게 하셨어요. 오랫동안 하나님께 영감을 받은 저자들의 언어, 문화, 역사를 사용하셔서 우리가 이해할 수 있는 다양한 글의 형태로 말씀을 주신 것이지요.

성경은 다양한 글로 오랜 기간 쓰였지만, 일관된 통일성을 가지고 기록되었다는 것도 중요합니다. 성경은 죄인이 구원을 얻기에 전혀 오류가 없고, 더 이상의 계시가 필요 없는 완전한 하나님의 말씀이에요!

성경은 우리를 향한 하나님의 사랑으로 주어졌습니다. 진리에 무지하고 어리석었던 우리에게 진리를 선물해 주신 하나님을 찬양합니다. 성경을 통해 우리의 심령이 항상 새로워지고 하나님 안에서 온전해져서 의와 진리와 거룩에 이르기를 기도합니다.

특별히 『온 가족이 함께하는 3분 예배, 신약편』으로 가정예배를 드릴 때 온 가족에게 하나님의 사랑과 평강과 기쁨과 소망이 넘치고, 가족 모두가 서로를 존중하며 하나님을 아는 지식이 자라 가기를 간절히 기도합니다.

마지막으로, 지금까지 이 글을 쓸 수 있도록 인내하고 지지해 준 아내 장은정에게 감사하고, 가정예배를 소중하게 여기는 아들 장하준에게도 감사를 전합니다.

이 책의 활용법

가정예배 인도 Tip

가정예배 참여도를 높이는 4가지 방법

이 책의 활용법

이렇게 구성되어 있어요.

이 책은 『3분 예배, 교리편』, 『3분 예배, 구약편』에 이어지는 책입니다. 성경이 나무라면, 교리는 숲입니다. 전체 숲에 대한 조망을 먼저 하고 말씀을 하나씩 알아 가면 더욱 유익합니다. 이 책도 앞선 책에서 말했던 교리의 일곱 가지 주제를 기초로 신약 성경에 대한 전체 주제를 잡았습니다.

'교리편'과 '구약편'을 아직 보지 못했더라도 '신약편'으로 먼저 가정예배를 드려도 괜찮습니다. 이미 교리적인 내용이 들어 있기 때문입니다. 신약 성경은 많은 주제를 담고 있는데, 그중 기초가 되는 주제로 일관되게 신약 성경을 읽으며 예배할 수 있도록 했습니다. 그 일곱 가지 주제는 아래와 같습니다.

이 주제는 각 성경이 가진 문학 형식과 역사적 배경과 저자의 의도에 따라 다양한 내용으로 구성돼 있습니다. 신약 성경을 교리

적 주제를 통해 본문의 원래 의도를 최대한 살릴 수 있도록 만들었습니다.

각 장의 구성은 아래와 같습니다.

이 책으로 초등학교 고학년부터 청년까지의 자녀를 둔 가정에서 함께 예배드릴 수 있습니다. 내용은 마태복음부터 요한계시록까지 신약 성경 27권의 핵심 내용을 담았습니다. 27권 신약 성경을 59과로 만들어 가족이 한자리에 모여 3분 동안 기도와 말씀을 나누며 가정예배를 할 수 있습니다. 3분으로 시작한 가정예배가 시간이 지날수록 더욱 풍성해지는 것을 경험하게 될 것입니다.

가정예배 인도 Tip

❶ **인도자가 가정예배 시작을 선언합니다.** 예를 들어, "하나님이 세우신 우리 가정의 예배를 시작하겠습니다"라고 선포한 후 "사도신경을 고백하겠습니다"라고 합니다. 이후 책의 순서에 따라 제목을 읽고 가족 모두 주제 말씀을 찾아 함께 읽습니다.

❷ **주제 말씀 아래에 "관련 말씀"을 미리 읽어오면 더욱 좋습니다.** 관련 말씀은 가정예배를 하면서 신약 성경 1독을 할 수 있도록 구성했습니다.

❸ **본문의 글은 인도자가 읽기를 권장하지만, 가족이 돌아가면서 한 단락씩 읽어도 좋습니다.** 예배와 내용에 더욱 집중할 수 있게 됩니다.

❹ **적용은 예배를 드리면서 온 가족이 함께 묵상할 내용, 기도할 내용, 실천할 내용을 기록해 두었습니다.** 추가로 실천할 내용을 나누어도 좋습니다.

❺ **기도문은 인도자가 예배를 마무리하며 대표로 소리 내어 읽으며 기도를 드립니다.** 이어서, 가족 구성원 한 명, 한 명을 위한 기도로 이어져도 좋습니다.

❻ **예배는 주기도문으로 마무리합니다.** 예배를 마친 뒤, 다 함께 손을 잡고 서로에게 감사한 내용을 한 가지씩 나눈다면, 가정예배의 기도와 기쁨이 배가 될 것입니다. 인도자가 먼저 모범을 보이면서 모두에게 한 가지씩 감사를 표현하고, 이후 가족이 돌아가면서 나눕니다. 자녀들은 부부가 감사를 나누는 것을 보고 건강한 부부의 모습을 배우게 되며, 하나님 안에서 자존감을 키우게 됩니다.

❼ **가정예배 시간에 훈육은 가능한 자제해 주시길 바랍니다.** 자녀에게 가정예배가 혼나고 꾸지람을 듣는 시간이 되어 버리면, 예배드리기 힘들어합니다. 감사 제목을 나누며 마무리할 때 자녀는 다음 시간을 기대하게 될 것입니다.

가정예배 참여도를 높이는 4가지 방법

가정예배는 매우 유익한 시간입니다. 그런데 자녀들이 잘 참여하려고 하지 않습니다. 자녀를 가정예배로 이끌기 위해서는 어떻게 해야 할까요? 가정예배 참여도를 높이기 위한 네 가지 방법을 제안하면 다음과 같습니다.

첫째, 왜 가정예배를 해야 하는지 개인별로 설명합니다.
가정예배를 처음 시작할 때, 인도자가 배우자와 자녀를 한 명 한 명 찾아가서 가정예배를 왜 드려야 하는지 간단히 설명하면 좋습니다. 예를 들어, "우리 가정이 하나님의 은혜로 살기 위해서다", "우리 가정이 행복하려면, 가정의 주인이 하나님이라는 사실을 함께 고백해야 한다"라고 말하며 설득하는 시간이 필요합니다.

둘째, 미리 시간 약속을 합니다.
갑자기 가정예배를 드리자고 하면 아이들의 반응이 시큰둥할 수 있습니다. 마음의 준비가 되어 있지 않기 때문입니다. 따라서 최소한 일주일 전에 가정예배를 드리는 날짜와 시간을 정해서 공지해 주어야 합니다. 그리고 날짜가 다가오기 전에 2-3회 정도 가정예배드리는 날을 언급하는 것이 좋습니다.

셋째, 장소를 준비해 둡니다.
 가정예배를 거실 탁자에 둘러앉아 드릴지, 주방 식탁 의자에 앉아 드릴지 미리 생각해 두고, 시간이 되면 의자나 방석을 놓아둡니다. 아이들은 자신들을 위해 미리 준비된 장소를 보면 좋아하고 더욱 마음을 엽니다.

넷째, 아이들이 좋아하는 다과를 준비합니다.
 아이들이 평소 좋아하는 다과를 준비해 두었다가 가정예배를 드린 후 먹는 것이 좋습니다. 더 좋은 방법은 토요일이나 주일 저녁에 한자리에 모여서 식사를 함께하고 이어서 가정예배를 드리는 것입니다.

 무엇이든 처음이 어렵습니다. 하지만 잠깐의 시간을 따로 떼어, 온 가족이 하늘의 힘을 공급받는 습관을 가지십시오. 부모와 자녀가 한자리에 앉아 성경 말씀을 읽고, 그 안에 담긴 하나님의 뜻을 배우고, 질문하고 답하고, 함께 기도하십시오.
 매일 3분, 하나님을 예배할 때 풍성한 하나님의 은혜를 경험하게 될 것입니다.

왜 하나님은 성경을 주셨나요?

주제 말씀 태초에 말씀이 계시니라 이 말씀이 하나님과 함께 계셨으니 이 말씀은 곧 하나님이시니라 요한복음 1:1

   책은 문자로 기록된 지식입니다. 예를 들어, 요리책은 음식을 조리할 수 있는 지식을 전달해 주고, 음악책은 노래를 연주할 수 있는 지식을, 수학책은 수를 계산할 수 있는 지식을 전해 줍니다.

   성경은 사람들에게 어떤 지식을 전해 줄까요? 물리학? 의학? 아니요. 성경은 하나님에 대한 지식을 전해 주고 있어요. 하나님이 어떤 분이시고, 어떤 일을 하셨는지 알려 줍니다.

   성경을 통해서 하나님을 알 때, 우리는 인간에 대해서도 알 수 있습니다. 하나님에 대한 지식은 사람의 경험에서 출발할 수 없어요. 인간의 생각과 판단은 항상 오류가 있기 때문입니다.

   인간이 아무리 신비한 경험을 많이 하더라도, 자신의 힘으로 하나님과 인간 자신에 대한 진리를 발견할 수는 없어요. 우리는 완전하신 하나님께서 스스로 자신을 드러내 보여 주실 때만 진리를 알 수 있습니다. 그런데 하나님이 진리 되심을 스스로 드러내 보여 주셨어요. 이것을 성경이 말씀하고 있는 것이죠. 또한 하나님이 드러내 보여 주시고 알게 하시는 성경에 적힌 참된 진리는 오류가 없습니다.

   하나님은 성경책을 우리에게 주실 때, 성경책이 하늘에서 내려오게 하지는 않으셨어요. 40여 명의 사람을 저자로 세우시고 그

들에게 쓰게 하셨습니다. 성경 저자들이 하나님의 말씀을 쓸 수 있었던 이유는 하나님이 그들에게 특별한 감동을 주셨기 때문이죠. 이런 감동을 '영감'이라고 하는데, 약 40명의 저자가 하나님이 주신 영감을 가지고 약 1,500년 동안 구약 39권과 신약 27권을 기록했지요. 놀라운 것은 66권의 성경이 통일성을 가지고 있다는 사실이에요.

또한 구약은 신약을 증거하고 신약은 구약을 증거해요. 성경 66권은 하나님을 알고 인간이 구원을 얻는 데 조금도 부족함이 없답니다.

적용

하나님은 우리를 위해서 성경을 허락해 주셨어요. 이것은 우리를 향한 사랑이에요. 성경을 우리에게 허락하신 하나님께 감사합시다. 성경을 부지런히 배워서 하나님을 바르게 배우고 경배하고 하나님께 영광 돌리는 삶을 살 수 있게 되기를 기도해요!

기도

하나님 아버지, 하나님을 알지 못하던 인간을 위해 성경을 허락해 주셔서 감사합니다. 하나님의 말씀을 사모하는 마음을 주셔서 말씀을 읽고 배울 수 있도록 도와주시고, 성경으로 하나님에 대한 바른 지식을 가지고 경배할 수 있는 은혜를 허락해 주옵소서.

왜 신약 성경이라고 하나요?

주제 말씀 또 주께서 이르시기를 이 언약은 내가 그들의 열조의 손을 잡고 애굽 땅에서 인도하여 내던 날에 그들과 맺은 언약과 같지 아니하도다 그들은 내 언약 안에 머물러 있지 아니하므로 내가 그들을 돌보지 아니하였노라
히브리서 8:9

우리는 믿음직스러운 사람을 좋아합니다. 약속을 잘 지키는 사람은 믿을 만하기 때문입니다. 무엇을 맡기고 부탁을 해도 안심이 되고 든든합니다. 믿음은 평안과 행복을 줍니다.

하나님은 단 한 번도 약속을 어기지 않는 신뢰할 만한 분입니다. 하나님이 하신 말씀은 일점일획도 빠지지 않고 모두 이루십니다. 우리의 구원을 위해서 하나님은 오래전 구약 성경 39권에서 지속적으로 언약하셨습니다. 우리의 구원에 대한 약속입니다. 구약 성경에서 예수님을 이 땅에 보내셔서 우리를 위한 하나님의 구원 계획을 반드시 이루신다고 말씀하셨습니다. 하나님의 약속은 그 어떤 세상의 힘으로 방해를 해도 막을 수 없기에 신약 성경에서 구약 성경의 옛 약속을 이루셨습니다.

신약의 약속은 하나님이 우리를 구원해 주겠다는 약속이에요. 이 약속대로 예수님은 십자가 형벌을 받으시고 3일 만에 부활하시고, 승천하셨어요. 그리고 마지막 때에 재림하셔서 하나님 나라를 완성하실 거예요. 이 사실을 믿는 사람은 모두 새 언약의 백성이에요.

신약 성경은 하나님이 구약 성경에서 하신 모든 약속이 예수님

을 통해 이루어진 성취예요. 구약 성경에 기록된 하나님의 모든 약속은 신약 성경을 통해서 완전히 이루어졌어요.

신약 성경은 27권으로 이루어져 있어요. 그중 4권의 복음서에는 특별히 예수님이 이 땅에 오셔서 하신 말씀과 사역이 집중적으로 기록되어 있어요. 우리는 성경을 통해서 구원자 예수님을 알 수 있어요. 예수님에 관한 모든 말씀을 믿으면 영원한 생명과 복을 얻을 수 있어요.

적용

하나님은 우리를 사랑하셔서, 우리를 살리기 위해 약속대로 예수님을 보내 주셨어요. 신약 성경을 보면 하나님의 놀라운 사랑을 알 수 있어요. 예수님에 관한 내용이 기록된 신약 성경을 주신 하나님께 감사해요. 그리고 앞으로 신약 성경의 말씀을 읽으며 예수님을 닮아 거룩한 모습으로 살기 위해 기도해요.

기도

하나님 아버지, 약속하신 말씀을 지켜 주셔서 감사해요. 약속대로 예수 그리스도를 이 땅에 보내 주시고, 신약 성경이 기록되게 해주신 것도 감사해요. 그리고 말씀을 믿음으로 받아 하나님의 자녀가 되게 해주셔서 감사합니다.

마태복음 1 | 우리의 약함을 사용하시는 예수님

주제 말씀 아브라함과 다윗의 자손 예수 그리스도의 계보라 마태복음 1:1
관련 말씀 마태복음 1-2장

마태복음은 마태라는 사람이 예수님에 관하여 쓴 복된 소식이에요. 마태의 직업은 세리였어요. 세리는 로마 정부를 위해서 유대인들에게 세금을 거두어들이는 사람이었습니다. 유대인들은 세리를 싫어했지만, 예수님은 마태를 제자로 삼으시고 예수님에 관한 복된 소식을 전하는 신약 성경의 첫 번째 성경 저자로 삼으셨습니다. 예수님은 마태를 구약 성경과 신약 성경을 잇는 신약 성경의 첫 번째 저자로 불러 주셨습니다.

마태의 직업은 사람들에게 지탄받는 일을 하는 세리였습니다. 그러나 예수님은 마태의 직업을 선하게 사용하셨습니다. 세리가 일할 때 필요했던 지식을 신약 성경을 기록하는 데 중요하게 활용하셨습니다.

마태는 이제 그동안 쌓은 지식을 자신의 이익을 위해서 사용하지 않게 되었습니다. 마태는 예수님이 구약 성경의 약속을 따라서 오신 분이라는 사실을 사복음서 중에서 가장 많은 구약 본문을 인용하며 증거합니다. 마태복음 1장에 기록된 족보는 아브라함부터 시작된 구약의 구원 역사가 예수 그리스도로 이어지면서, 예수 그리스도가 바로 오래전에 하나님이 보내기로 약속하신 구원자이심을 증거해요.

과거에 마태는 세리로서 자기 이익을 위해 살면서 많은 사람에게 지탄받았지만, 이제 예수님을 증거하는 삶을 살게 되었습니다. 유대인들은 예수님을 인정하지 않았지만, 마태는 대부분의 유대인이 인정하지 않는 예수님을 위해 모든 것을 버릴 수 있는 제자로 헌신했어요. 왜일까요? 예수님이 그에게 영원한 생명을 주셨고, 하나님의 자녀가 되는 권세를 허락해 주셨으며, 영원한 복을 주셨기 때문입니다.

적용

마태는 자신의 지식을 같은 민족을 괴롭히는 데 사용했었어요. 그런데 예수님을 만나고 나서 무엇을 위해서 사는 삶이 가치 있는 인생인지 깨닫고, 모든 지식을 예수님을 증거하는 데 사용했어요. 예수님은 우리의 지식과 경험과 은사 등 모든 것을 소중히 사용하세요. 오늘 예배하며 우리 가족의 부족함과 연약함을 발견했다면 무엇인지 고백해 보세요. 그리고 예수님 안에서 선하게 사용되기를 기도해요.

기도

하나님 아버지, 오늘 우리가 하나님 앞에 예배합니다. 우리 가정의 연약한 부분을 너무나 잘 아시니, 이 모든 약함을 하나님 안에서 강함으로 사용해 주세요.

마태복음 2 | 가난한 자에게 천국을 주시는 예수님

주제 말씀 심령이 가난한 자는 복이 있나니 천국이 그들의 것임이요 마태복음 5:3
관련 말씀 마태복음 3-7장

 구약 성경에서 하나님은 애굽에서 종으로 일하던 이스라엘 사람들을 불러내어 하나님의 백성으로 삼아 주셨어요. 애굽에서 탈출한 그들은 시내산에 모여서 하나님과 한 가지 언약을 맺었지요. 하나님은 그들의 왕이 되시고 그들은 하나님을 왕으로 모시는 백성이 되는 것으로, 하나님은 그들에게 하나님의 백성이 지켜야 할 법을 주셨어요. 이 법은 하나님 나라의 백성이라면 당연히 지켜야 하는 말씀이었습니다. 법을 지키는 것은 하나님 나라 백성의 자격이며 특권이에요.

 예수님은 새 언약을 맺는 백성에게도 법을 주셨어요(마 5-7장). 예수님을 영접한 천국 백성이라면 누구나 따라야 하는 법을 말씀하셨습니다. 이것은 구약의 말씀보다 지키기 어려워 보이는 말씀이에요. 예수님은 마음에 누군가를 미워하는 생각을 가져도 이미 살인한 것이라고 하셨습니다.

 예수님이 이렇게 엄격하게 말씀하신 데는 세 가지 이유가 있습니다. 첫째 이유는 그 당시에 하나님을 잘 믿는다고 말은 하지만 바르게 믿지 못했던 사람들의 문제를 지적하시기 위함이었어요. 그들은 겉으로는 하나님을 믿는 척했지만 사실 마음에는 탐심과 욕심이 가득 차 있었어요. 둘째 이유는 우리가 스스로 하나님의 말씀을 지키려 할수록 죄인임을 깨닫도록 하시기 위해서예요. 셋째 이유는 오직 예수님을 믿을 때만 하나님 말씀을 더 잘 지킬 수 있고 예수님처럼 사랑을 깊이 실천할 수 있다는 것을 알려 주시기 위해서예요.

예수님의 사랑을 알 때 나를 핍박하는 사람을 용서할 수 있을 뿐만 아니라 그 사람을 불쌍히 여기고 그를 위해 기도까지 할 수 있게 되어요. 예수님을 온전하게 믿을 때 자신의 죄의 비참함으로 인해 심령이 가난해져서 하나님의 온전한 다스리심을 받을 수 있게 됩니다.

적용

우리가 아무리 선행을 많이 해도 우리의 노력으로는 구원을 얻을 수 없어요. 오직 예수님의 죽으심과 부활하심을 진실로 믿을 때 우리는 의롭게 되고, 모든 말씀에 순종할 힘과 의지가 생겨요. 오늘 예배하며 우리에게 하나님께 인정받을 만한 선이 없다는 사실을 고백합시다. 우리의 연약함과 죄를 더욱 깨닫게 해주시고, 오직 하나님 말씀에 순종할 힘과 능력을 더해 주시기를 기도합시다.

기도

하나님 아버지, 우리의 힘으로 구원을 얻을 수 없다는 사실을 깨닫게 해주셔서 감사합니다. 오직 예수님을 믿음으로만 구원을 얻을 수 있게 해주시고, 말씀에 순종할 힘을 주셔서 감사합니다.

마태복음 3 | 우리를 왕으로 통치하시는 예수님

주제 말씀 예수께서 모든 도시와 마을에 두루 다니사 그들의 회당에서 가르치시며 천국 복음을 전파하시며 모든 병과 모든 약한 것을 고치시니라 마태복음 9:35
관련 말씀 마태복음 8-11장

  예수님은 많은 병자를 고쳐 주셨어요. 중풍병자, 혈루증 앓던 여인, 말 못 하는 사람 등 복음을 전파하시며 사람들의 모든 병과 모든 약한 것을 고쳐 주셨습니다. 예수님은 사람들이 당하는 고통을 보며 불쌍히 여기시어 치료해 주셨어요. 예수님은 고쳐 주실 때 병자의 믿음을 보고 고쳐 주기도 하시고, 병자의 주변 친구들의 믿음을 보고 고쳐 주기도 하셨어요. 한 여인은 예수님의 옷깃을 만지고 병이 낫기도 했습니다. 때로 예수님은 치료를 거부하시다 간청함을 보고 고쳐 주기도 하셨습니다.

  이렇게 병을 고쳐 주시는 기적들은 예수님이 누구신지를 드러냈습니다. 예수님은 이 땅과 온 우주를 통치하시는 왕으로 오셨습니다. 예수님은 우리의 모든 것을 통치하시고 다스리십니다. 예수님은 우리와 함께하시는 하나님으로, 우리 인생을 다스리시고 통치하시는 분입니다. 또한 이 세상의 악한 영을 멸하시고 심판하십니다.

  마태복음은 예수님이 온 우주의 왕으로서 우리와 우주를 통치하기 위해서 오셨다는 것을 증거하고 있습니다. 기적과 치료의 말씀은 우리가 예수님과 똑같은 능력으로 같은 기적을 행할 수 있다

는 의미가 아닙니다. 예수님이 오심으로 이 땅에 있는 모든 악한 사탄을 향한 정복이 시작되었다는 뜻입니다.

지금도 세상은 공중 권세를 잡은 악한 영이 다스리고 있지만, 예수님은 복음을 듣고 부르심을 받은 사람들을 구원하시고, 하나님의 자녀로 삼으셔서, 영원한 하나님 나라의 백성이 되게 하십니다. 또한 하나님이 주시는 은혜와 복을 누리게 하십니다. 예수님을 믿게 된 것은 놀라운 하나님의 은혜입니다.

적용

예수님은 성자 하나님이십니다. 예수님은 우리를 위해서 하늘의 영광을 버리고 이 땅에 오셨습니다. 이 땅에서 고통당하는 사람들을 불쌍히 여기시어 고쳐 주시고 인생을 회복시켜 주셨습니다. 우리 가정에 고통이나 어려운 문제들이 있다면 함께 구합시다. 하나님은 그분을 찾고 간구하는 자의 기도를 반드시 들으십니다.

기도

하나님 아버지, 독생자 예수님을 통해서 하나님의 사랑과 긍휼을 보여 주시니 감사합니다. 우리 가정에 있는 어려움을 이 시간 하나님께 맡겨 드립니다. 고쳐 주시고 회복시켜 주시옵소서.

마태복음 4 | 우리의 죄 때문에 고난받으신 예수님

주제 말씀 인자가 온 것은 섬김을 받으려 함이 아니라 도리어 섬기려 하고 자기 목숨을 많은 사람의 대속물로 주려 함이니라 마태복음 20:28
관련 말씀 마태복음 12-20장

예수님은 우리를 위해서 모든 영광을 버리고 이 땅에 오셨어요. 이것을 '그리스도의 낮아지심'이라고 합니다. 그리스도의 낮아지심을 기독교 교리(『3분 예배, 교리편』 참고)에서는 네 가지로 설명합니다. '사람이 되심', '고난을 받으심', '율법 아래 복종하심', '십자가에 죽으심'입니다. 마태복음에서 예수님이 낮아지셔서 당하신 고난 중에 가장 많은 내용은 이 땅에서 사실 때 율법 아래 복종하신 고난입니다.

예수님은 원래 하늘 영광을 가지고 우주 만물을 통치하시던 분이었습니다. 예수님이 이 땅에 육신으로 오신 것은 매우 큰 고난이었습니다. 그뿐만 아니라 그분은 이 땅에서 당할 수 있는 모든 고통을 다 당하셨습니다. 가난하게 오셔서 집도 없었고, 욕심 많은 사람에게 시기와 질투와 미움을 받기도 하셨습니다. 때로는 교만하고 탐욕스러운 사람들이 예수님을 싫어할 뿐만 아니라 죽이려고 할 정도였습니다.

그러나 예수님은 모든 하나님 말씀에 철저하게 순종하셨으며, 어렵고 힘든 사람들을 고치시고 회복시켜 주셨으며, 영원한 생명을 주기 위해 하나님 나라 말씀을 증거하셨습니다. 예수님은 어떤 죄도 없으셨고, 어떤 잘못도 하지 않으셨지만, 그 당시에 지도자

들은 예수님을 모함해 없는 죄까지 만들어 냈습니다. 하나님을 가장 잘 믿으시고 하나님 말씀을 단 하나도 어기지 않으시고 순종하며 사시는 예수님께 '하나님을 모독한 사람'이라는 죄목까지 씌워 가며 예수님을 죽이려고 했습니다.

계속해서 고난받으신 예수님은 이런 사실을 아셨지만, 묵묵하게 하나님 말씀을 바르게 가르치셨고, 예수님을 믿을 수 있는 복음을 선포하셨고, 하나님 사랑과 이웃 사랑을 끝까지 실천하셨습니다.

적용

예수님은 이 땅에 오셔서 왜 많은 고난을 받으셔야 했을까요? 이사야 53장은 우리의 죄 때문이라고 말해요. 예수님을 괴롭힌 사람들의 욕심과 탐욕은 바로 우리의 탐욕과 욕심이었어요. 그러나 예수님은 자신을 변호하지 않으시고 우리의 죄로 인한 고통을 모두 받으셨어요. 오늘 예배하며 예수님의 고난이 우리의 죄 때문이라는 사실을 고백하세요. 하나님께 우리 죄에 대해 용서를 구하고, 십자가에 달리신 예수님의 은혜와 사랑에 감사합시다.

기도

하나님 아버지, 독생자 예수 그리스도가 이 땅에서 수많은 고난을 받으신 이유가 바로 우리의 죄악 때문임을 고백합니다. 예수님이 채찍에 맞으심으로 우리가 나음을 입었습니다. 우리를 위한 예수님의 사랑을 찬양하고 감사합니다.

마태복음 5 | 우리의 영생을 위한 예수님의 부활

주제 말씀 예수께서 다시 크게 소리 지르시고 영혼이 떠나시니라 마태복음 27:50
관련 말씀 마태복음 21-28장

예수님은 우리를 위해 이 땅에 오셔서 고난을 당하셨습니다. 예수님이 당하신 가장 큰 고난은 십자가에서 돌아가신 사건입니다. 예수님은 원래 성자 하나님으로 하늘 영광 가운데 계셨습니다. 그런데 왜 성자 하나님이 사람으로 이 땅에 오셔서 돌아가셔야만 했을까요? 죽지 않으시고 악한 자들을 모두 심판하실 수도 있지 않았을까요?

예수님이 우리 죄를 없애시기 위해서는 두 가지 조건이 필요합니다. 하나님이시면서 동시에 인간이셔야만 합니다. 하나님이셔야 하는 이유는 완전히 죄가 없는 거룩함을 가지고 죄에 대한 진노를 모두 받아 내셔서 우리에게 의와 생명을 주시기 위해서입니다. 동시에 인간이셔야 하는 이유는 죄의 형벌을 받아 역사 가운데서 실제로 십자가에 못 박혀 인간을 대표해 죽으셔야 하기 때문입니다.

그러면 왜 인류 역사상 가장 잔인한 형벌인 십자가에서 죽으셔야 했을까요? 십자가는 하나님의 진노와 저주를 받은 곳이기 때문이에요. 십자가는 예수님 당시에 가장 흉악한 죄를 지은 사람이 받는 형벌이었습니다. 구약 성경에서도 '나무에 달린 자', 즉 '십자가에 달린 자'가 하나님의 진노와 저주를 받은 사람이라고 말해요.

우리 죄는 대가를 치르지도 않고 그냥 용서받을 수 있는 것이 아닙니다. 죄는 반드시 대가를 치러야 합니다. 죄의 삯은 사망이기 때문입니다. 죄에 대한 대가를 반드시 치르고 용서를 받아야 구원을 얻을 수 있습니다. 어떤 인간도 죄의 대가를 감당할 수 없습니다.

그래서 하나님이 인간이 되시어 십자가를 지셔야만 했습니다. 원래 인간이 받아야 하는 저주와 심판을 예수님이 직접 담당하신 것입니다. 이것만이 우리의 죄를 없애고 영원한 생명을 얻을 수 있는 길이었습니다. 예수님은 십자가에서 죄를 정복하시고 의를 완성하셨습니다.

적용

우리가 얻은 새로운 생명은 죄가 전혀 없으신 분이 십자가에서 수치와 고난을 당하며 돌아가심으로 얻은 은혜입니다. 이 은혜는 너무나 귀해서 아무리 재력과 권력이 많아도 결코 우리 힘으로 얻을 수 없기에, 하나님이 오직 은혜로 우리에게 허락해 주셨습니다. 우리를 위해 십자가에서 고난을 당하신 예수님께 감사합시다. 예수님의 희생으로 하나님께 기도하고 예배할 수 있게 된 은혜에 감사합시다.

기도

하나님 아버지, 예수 그리스도를 십자가에 내어 주시기까지 우리를 사랑해 주셔서 감사합니다. 우리를 위한 예수님의 고난을 생각하며 감사와 찬송을 올려 드립니다. 우리도 그 사랑을 본받아 가족과 형제와 자매를 더욱 사랑하고 인내하고 섬길 수 있게 도와주시옵소서.

마가복음 1 | 고난받는 자를 위로하시는 예수님

주제 말씀 하나님의 아들 예수 그리스도의 복음의 시작이라 마가복음 1:1
관련 말씀 마가복음 1~10장

마가복음은 마가라는 사람이 예수님에 관하여 쓴 복된 소식이에요. 마가는 베드로에게 아들과 같은 제자였고(벧전 5:13), 사도 바울과 함께 전도 여행을 했어요.

마가복음은 "하나님의 아들 예수 그리스도"라는 말씀으로 시작해요. 이 당시 로마에는 국가에 큰 공을 세운 영웅을 신적 기원을 가진 자로 생각하는 문화가 있었어요. 하지만 마가는 예수님을 이와 비견할 수 없는 창조주 하나님의 아들로 소개하며, 전능한 능력으로 고난받는 종으로 오셨다고 증거합니다.

고난받는 종은 죄악 가운데서 고통받는 우리를 위해서 핍박을 받으시고 십자가에서 돌아가셨지만, 부활 승천하셔서 하나님 우편에 앉아 계신다고 말해요. 이것은 예수님이 세상의 어떤 영웅과 비교할 수 없는 능력과 권세를 가지고 계신다는 것을 의미해요. 이런 권세를 가지신 예수님이 지금 우리와 함께하고 계심을 말해 주어요.

마가는 예수 그리스도의 복음이라는 하나님의 놀라운 구원을 선포했어요. 그리스·로마 문화적 배경을 가진 이들에게 하나님이 세상 어떤 신과 비교할 수 없는 전능한 능력으로 지금 우리의 모든 죄를 도말하시고 영원한 생명을 주셔서 하나님의 자녀로 삼아 주셨다고 말했지요.

이 말씀은 마가복음을 처음으로 읽는 사람들에게 큰 위로와 힘이 되었어요. 왜냐하면 로마에서 예수님을 믿는 것은 순교를 각오해야 할 정도로 힘든 일이었기 때문입니다. 로마는 그리스도인들을 핍박했어요. 마가복음을 읽는 사람들은 고난받으시는 예수님과 그 모든 고난을 이기고 승리하신 예수님을 보면서 위로와 힘을 얻을 수 있었어요.

적용

예수님은 우리의 죄 때문에 이 땅에 고난받는 종으로 오셨습니다. 이 땅에서 어떤 영광도 받지 않으셨고, 누리지도 않으셨습니다. 예수님은 이 땅에서의 고난을 아시기 때문에 우리가 고난을 당할 때 함께하십니다. 그러므로 혹시 어려운 일을 겪거나 고통을 당한다면 예수님을 생각합시다. 예수님을 묵상하며 새로운 위로와 능력과 소망을 주시길 간구합시다. 하나님이 놀라운 은혜와 위로를 우리에게 허락해 주실 것입니다.

기도

하나님 아버지, 이 땅에 많은 고난이 있습니다. 우리보다 먼저 깊은 고통과 고난을 받으신 예수님을 생각하며 인내하고, 소망 가운데 믿음으로 살 수 있게 도와주시옵소서. 지금 당하는 고난 중에 함께하시는 은혜를 생각하며 능력 가운데 다시 일어설 수 있게 도와주시옵소서.

마가복음 2 | 우리 죄를 위한 예수님의 십자가 형벌

주제 말씀 이스라엘의 왕 그리스도가 지금 십자가에서 내려와 우리가 보고 믿게 할지어다 하며 함께 십자가에 못 박힌 자들도 예수를 욕하더라 마가복음 15:32
관련 말씀 마가복음 11-15장

마가복음에는 예수님이 이 땅에서 사역하신 마지막 일주일이 자세히 기록되어 있어요. 다른 복음서보다 예수님의 수난에 집중하고 있습니다. 왜 예수님이 당하신 고난에 집중했을까요?

예수님은 하나님의 아들로 이 땅에 오셨지만 영광을 누리기 위해서가 아니라, 고난받기 위해서 오셨기 때문입니다. 하늘 영광 가운데 계셨지만, 이 땅에 연약한 육신으로 오시고 인간으로 당할 수 있는 모든 종류의 고난을 겪으셨어요. 이것은 모두 우리에게 영원한 생명을 주시기 위한 목적이었어요. 특히 십자가에서 못이 박히는 고난은 가장 고통스러운 일이었습니다.

십자가 형벌은 로마 시대 때 반역자나 흉악범을 처벌하기 위한 처벌 중에서 최고로 가혹한 고통을 주는 벌이었어요. 보통 십자가에 매달리면 3일 정도 고통스러워하면서 서서히 죽어 갔습니다. 낮에는 뜨거운 태양과 밤에는 극심한 추위를 겪으면서, 못이 박힌 두 손과 두 발의 힘에 의지해 호흡을 유지해야 했습니다.

예수님은 십자가에서 숨을 쉬실 때마다 고통이 지속되었습니다. 예수님은 아무런 죄가 없었지만, 십자가 형벌의 모진 고통을 모두 겪으시고 우리를 위해 죽으셨습니다. 오전 9시경에 십자가

에 못 박히시고 6시간 후 오후 3시경에 숨을 거두셨습니다. 오후 12시부터 오후 3시까지 온 땅에 어둠이 계속되었어요. 이때 성소의 휘장이 둘로 찢어지며 예수님이 십자가에서 돌아가심으로 우리가 하나님께 간구하고 예배할 수 있는 은혜를 입게 되었습니다.

적용

예수님은 우리의 구원을 위한 하나님의 약속을 십자가 형벌로 이루셨어요. 우리를 살리시기 위한 하나님의 사랑이었어요. 이 사랑은 너무나 큰 사랑입니다. 이 사랑은 우리가 다 갚을 수 없을 정도로 크고 놀랍습니다. 오늘 예배하며 함께 기도합시다. 우리를 위해 독생자를 십자가에 내어 주신 하나님의 사랑을 더욱더 깊이 알고, 그 사랑이 우리 마음속에 가득 차기를 기도합시다. 그 사랑으로 우리 가족이 서로를 더욱더 사랑하고 인내하고 용서하기를 간구합시다.

기도

하나님 아버지, 어둠 가운데 있던 우리를 위해서 독생자 예수 그리스도를 보내 주셔서 감사합니다. 모든 죄를 용서하시고 의로움을 허락하셔서 하나님의 자녀로 삼아 영원한 생명을 주시니 감사합니다. 평생 이 은혜를 찬양하고 감사하며 살게 도와주시옵소서.

마가복음 3 | 죽음을 이기신 예수님

주제 말씀 주 예수께서 말씀을 마치신 후에 하늘로 올려지사 하나님 우편에 앉으시니라 마가복음 16:19
관련 말씀 마가복음 16장

 예수님이 십자가에서 돌아가셨어요. 이 죽음은 예수님이 하신 일의 끝이 아니었어요. 이후에 예수님은 높임을 받으셨어요. 기독교 교리(『3분 예배, 교리편』 참고)에서 이것을 '그리스도의 높아지심'이라고 해요. '그리스도의 낮아지심'처럼 네 가지로 말합니다. '부활하심', '승천하심', '하나님의 우편에 앉으심', '심판하기 위해 다시 오심'이에요. 마가복음은 그리스도의 높아지심 중에서 하나님 우편에 앉으심에 관해 기록하고 있어요.

 예수님이 하나님 우편에 앉으셨다는 것은 사도신경에서도 고백해요. 이 말은 예수님이 하늘의 어떤 공간에 가셨다는 의미가 아니라, 예수님이 원래 가지고 계셨던 권능과 영광을 회복하셨다는 뜻입니다. 예수님은 지금도 성자 하나님으로서 모든 하늘 영광 가운데서 만물을 통치하시고 섭리하고 계세요. 히브리서 1장 3절은 "그의 능력의 말씀으로 만물을 붙드시며 죄를 정결하게 하는 일을 하시고 높은 곳에 계신 지극히 크신 이의 우편에 앉으셨느니라"라고 말해요.

 예수님이 부활 승천하신 이유는 우리에게 영원한 생명을 주시기 위해서예요. 예수님이 부활한 몸이 되어 하나님 앞에 계신 것처럼, 우리도 죽음을 이기고 부활하여 하나님 앞에서 영원한 기쁨 가운데 살게 하시기 위해서입니다. 우리도 언젠가 예수님처럼 부활한 몸으로 하나님 앞에서 영원한 평안과 기쁨 가운데서 온 세상을 다스리는 일에 동참하게 될 거예요.

부활하시고 승천하신 예수님은 지금 멀리 계시지 않아요. 우리를 지켜만 보시는 것이 아니라 약속하신 대로 세상 끝 날까지 우리와 함께하시고 우리가 어디에서 무엇을 하든지 영원토록 함께하십니다.

적용

예수님은 부활하시고 승천하셔서 지금도 만물을 다스리시고 우리를 보호하고 계세요. 우리가 어떤 어려운 일을 만나더라도 예수님은 절대 우리를 떠나지 않으시고 항상 함께하십니다. 예수님은 우리의 어려움을 알고 계시며, 이 모든 어려운 순간과 사건에 섭리하셔서 하나님의 영광을 위해서 사용하실 거예요. 오늘 예배하며 우리를 두렵게 하는 문제가 무엇인지 생각해 보고, 그 문제를 모든 만물을 다스리는 예수님께 내어놓읍시다. 예수님께 도움을 구합시다. 예수님이 반드시 도와주시고 섭리해 주셔서 모든 것이 합력하여 선을 이룰 것입니다.

기도

하나님 아버지, 독생자 예수 그리스도를 십자가에 내어 주셔서 우리에게 대속의 은혜를 주시니 감사합니다. 그뿐만 아니라 예수님이 부활 승천하셔서 지금도 우리를 다스리고 통치해 주시니 감사합니다. 하나님 아버지의 능력과 권능으로 우리의 인생을 다스려 주시옵소서.

누가복음 1 | 우리를 사랑하시는 예수님

주제 말씀 그 모든 일을 근원부터 자세히 미루어 살핀 나도 데오빌로 각하에게 차례대로 써 보내는 것이 좋은 줄 알았노니 이는 각하가 알고 있는 바를 더 확실하게 하려 함이로라 누가복음 1:3-4
관련 말씀 누가복음 1-4장

누가복음은 누가라는 사람이 예수님에 관하여 쓴 복된 소식이에요. 누가의 직업은 의사였어요. 골로새서 4장 14절에 따르면, 많은 사람에게 사랑을 받는 의사였다고 합니다. 따뜻한 마음으로 아픈 사람들을 친절하게 정성껏 돌보는 사랑 많은 의사였지요. 그래서 예수님에 관한 소식도 다른 복음서에서보다 자세하고 상세히 안내했습니다.

누가는 1장에서 예수님에 관한 복음을 데오빌로라는 높은 자리에 있던 사람에게 소개하고 있습니다. 이 사람은 예수님에 관한 지식을 많이 가지고 있지 않았어요. 누가는 데오빌로와 같이 예수님을 조금 알거나 예수님에 관해서 처음 듣는 사람들을 위해서 성경을 썼어요. 누가복음만 쓴 게 아닙니다. 예수님이 부활하시고 난 뒤 예수님의 사도들을 통해서 전해진 복음의 역사를 기록한 사도행전도 누가가 썼어요.

누가복음은 예수님이 사람으로 오신 모습을 자세히 기록하고 있어요. 특히 예수님을 '인자'(사람의 아들)라고 많이 표현하면서, 그분이 이 땅에 오셔서 하나님께 받은 사명을 어떻게 최선을 다해 감당하셨는지를 전해 주어요. 예수님은 하나님께 받은 사명을 완전하게 수행하셨어요. 이를 위해서 예수님은 정말 많이 기도하셨어요. 매일 기도하시고, 제자들과 함께 기도하시고, 때로는 늦은 밤이나 새벽까지 기도하셨어요.

또한 예수님은 이웃을 사랑하시되 자기 몸을 아끼지 않으시고, 목숨을 내어놓기까지 사랑하셨어요. 누가는 예수님의 사랑을 자세히 가르치고 전하기 위해서 예수님에 관한 말씀을 기록하게 되었어요.

적용

누가는 사람의 병을 고치는 재능을 개인적인 성공보다 예수님의 사랑을 전하기 위해서 사용했어요. 누가는 왜 자신의 좋은 재능을 예수님을 위해 사용했을까요? 그것은 예수님의 사랑 때문이었습니다. 나를 위해서 십자가에 목숨을 내어놓으신 사랑이 누가가 자기 재능을 예수님을 전하는 데 사용하도록 인도했습니다. 우리가 가진 재능을 예수님을 전하는 데 어떻게 사용할 수 있을까요? 우리는 어떤 재능과 능력으로 예수님을 전할 수 있을지 나누고 기도해 봅시다.

기도

하나님 아버지, 우리를 위해서 독생자 예수님을 보내 주셔서 감사합니다. 예수님의 십자가 고난으로 우리에 대한 사랑을 증거해 주셔서 감사합니다. 우리도 그 사랑을 본받아서 예수님의 사랑으로 이웃을 사랑하고 복음을 전할 수 있게 도와주세요.

누가복음 2 | 기도하는 모범을 보여 주신 예수님

주제 말씀 이때에 예수께서 기도하시러 산으로 가사 밤이 새도록 하나님께 기도하시고 누가복음 6:12
관련 말씀 누가복음 5-9장

　예수님은 하나님이시면서 동시에 인간이십니다. 예수님의 인성과 신성은 분리되지 않습니다. 하나로 연합되어 있습니다. 이 사실은 주후 451년 칼케돈 회의에서 정리되었어요.

　누가복음은 다른 복음서와 달리 예수님을 '인자'라고 자주 표현합니다. 이것은 '사람의 아들'이라는 의미로서 예수님이 우리와 똑같은 몸이 되시어 하나님의 말씀을 따르고 순종하셨다는 것을 보여 주어요. 예수님은 하나님이시지만, 인간으로 오셔서 우리가 겪는 모든 고난보다 더 큰 고난을 겪으셨고, 우리가 이 땅에서 어떤 모습으로 살아야 할지에 대해서 몸소 보여 주셨어요. 그중 하나가 기도입니다.

　누가복음은 신약 성경 전체에서 '기도'라는 표현이 가장 많이 나와요. 예수님은 사람으로서 하나님께 기도하셨어요. 모든 능력과 권능을 가지고 계셨지만, 하나님 아버지께 기도하는 모습을 통해 우리에게 기도의 삶을 가르치셨어요. 제자들을 선택하실 때도 밤이 새도록 기도하시고 선택하셨어요. 특별히 베드로를 위해서는 믿음이 떨어지지 않도록 기도하셨어요. 많은 순간에 예수님은 먼저 기도하는 모범을 보여 주셨어요.

　또한 누가복음에만 나오는 기도에 대한 비유도 많아요. 밤에 찾아온 친구 비유(눅 11장), 과부와 재판장의 비유(눅 18장), 바리새인과 세리의 기도(눅 18장), 십자가 위에서 최후 기도(눅 23장) 등이 있습니다. 예수님은 이 땅에서 기도에 힘쓰셔서 죄의 유혹을 이기시고 완전하게 말씀에 순종해 하나님의 구원 계획을 실천하셨어요.

적용

예수님은 기도로 이 땅에서 어려움을 극복하시고 하나님 말씀에 온전하게 순종하셨어요. 모든 것을 하나님께 묻고 의지하며 간구하셨어요. 기도는 영적인 호흡입니다. 그렇다면 우리는 어떻게 기도해야 할까요? 하나님은 누가복음 18장에 나오는 세리의 기도처럼, 가난한 마음으로 드리는 겸손한 기도를 기뻐하세요. 오늘 예배하며 우리가 앞으로 더욱 열심히 기도하기로 다짐해 보아요. 밥을 먹을 때뿐만 아니라 하루의 시작과 하루의 끝에도, 어렵고 힘든 어떤 순간에도 기도하기를 다짐해 보세요.

기도

하나님 아버지, 예수님이 친히 기도하셨던 것처럼, 우리도 하나님께 항상 기도할 수 있도록 도와주세요. 특히 힘들고 어려운 일을 당하는 그 자리에서 기도할 때 하나님이 도와주시고 응답해 주세요.

누가복음 3 | 이웃을 몸처럼 사랑하신 예수님

주제 말씀 네 생각에는 이 세 사람 중에 누가 강도 만난 자의 이웃이 되겠느냐 이르되 자비를 베푼 자니이다 예수께서 이르시되 가서 너도 이와 같이 하라 하시니라 누가복음 10:36-37
관련 말씀 누가복음 10-19장

누가복음에는 '기도'와 더불어 '이웃 사랑'에 대한 말씀이 많습니다. 예수님은 모든 구약의 율법은 하나님 사랑과 이웃 사랑으로 요약된다고 말씀하셨어요. 예수님은 이 땅에서 사역하시면서 소외되고 고통받는 이웃을 어떻게 사랑할지에 대해 가르치시면서 동시에 실천도 하셨습니다. 이웃 사랑에 관한 대표적인 말씀은 선한 사마리아인 이야기(눅 10장)입니다.

어떤 율법사가 예수님께 자신의 의로움을 자랑하기 위해 질문을 드렸습니다. "나의 이웃은 누구입니까?"로 시작된 질문에 예수님은 강도 만난 자를 도운 사람이 당시 종교 지도자들이 아니라, 무시당하던 사마리아인이라고 말씀하시며 율법사에게 질문을 던지셨습니다. "누가 강도 만난 자의 이웃이 되겠느냐?"

이 질문은 자랑하기 위한 형식적인 이웃 사랑을 지적합니다. 이웃 사랑은 자신의 신앙을 자랑하기 위해서 하는 사랑이 아닙니다. 참된 이웃 사랑은 하나님의 사랑으로 불쌍히 여기며, 우리를 위해 목숨까지 주신 예수님의 사랑을 닮아서 최선을 다해 돕는 것이라고 말씀하신 것입니다.

우리가 누군가의 이웃이 되려면 어떻게 해야 할까요? 우리가 강도 만난 자에게 진실한 도움이 되고, 도움을 받은 그가 우리를 향해서 진실로 고마워할 때 이웃이 될 수 있습니다. 예수님은 구제와 봉사를 자랑으로 여기던 율법사와 당시 종교 지도자들의 문제를 지적하시면서, 그들이 업신여기던 사마리아인의 이웃 사랑이 참된 이웃 사랑이라고 말씀하셨습니다.

적용
예수님의 사랑은 영광을 버리고 생명까지 주시는 사랑입니다. 우리가 이 사랑을 받았습니다. 예수님의 사랑을 본받을 때 고통받는 이웃을 불쌍히 여기며 진심으로 도울 수 있습니다. 오늘 예배하며 우리가 받은 예수님의 사랑을 누구에게 어떻게 실천할지 생각해 봅시다. 예수님의 사랑으로 어려운 이웃을 섬길 수 있는 힘과 지혜를 주시기를 기도합시다.

기도
하나님 아버지, 예수님이 먼저 우리를 불러 주신 은혜와 우리의 생명을 위해 목숨을 내어 주신 사랑에 감사합니다. 이 사랑을 어렵고 힘든 이웃에게 실천할 수 있도록 도와주시옵소서.

누가복음 4 | 우리가 예수님의 증인입니다

주제 말씀 너희는 이 모든 일의 증인이라 누가복음 24:48
관련 말씀 누가복음 20-24장

　누가복음은 예수님의 부활 승천으로 마무리됩니다. 승천하시기 전에 예수님은 제자들을 향해서 말씀하셨어요. 제자들이 예수님의 죽으심과 부활하심에 관해서 증인이라는 사실을 이야기하셨지요. 증인은 예수님이 행하신 모든 기사와 말씀과 사역의 목격자이므로 많은 사람에게 자신이 보고 들은 사실을 전할 의무와 책임이 있어요.

　누가복음에는 다른 복음서에 나오지 않는 말씀이 기록되어 있어요. 엠마오로 가는 두 제자에게 부활하신 예수님이 나타나 하신 말씀과 열한 제자에게 나타나 나누신 말씀이에요. 예수님은 이 말씀을 통해 제자들에게 예수님의 죽으심과 부활하심에 대한 증인으로 살아야 할 사명을 알려 주셨습니다.

　이 말씀대로, 이제 사도들은 온 민족과 나라를 향해 증인으로서 복음을 증거합니다. 이 증인들의 살아 있는 역사는 누가를 통해서 사도행전에 상세하게 기록되었습니다. 증인들은 고난과 핍박 중에서도 로마 제국의 통치로 연결된 유럽과 아시아, 아프리카로 복음을 증거했습니다.

　예수님의 증인은 신약 시대 사도뿐만 아니라, 예수님의 십자가 고난을 마음으로 믿고 예수님이 전하신 말씀을 따르기로 고백한 모든 사람입니다. 성경은 예수님을 구주로 영접하고, 자기 죄를 회개하며 날마다 십자가 아래에서 죄 용서함을 받아 거룩한 삶을 살기로 다짐한 모든 하나님 자녀를 증인으로 표현하고 있습니다.

예수님을 통해서 구원을 얻었고, 하나님의 자녀가 되어 하나님을 '나의 아버지'라고 부를 수 있다면 예수님의 형제요 자매이며 예수님이 하신 모든 일에 대한 증인입니다. 우리는 성경을 통해서 이미 예수님이 하신 일을 보았고 들었습니다. 나를 위한 고난받으심과 죽으심과 부활하심과 승천하심을 목격했습니다. 우리는 예수님을 만났습니다. 우리는 이제 예수님의 증인입니다.

적용

법정에서 증인의 역할은 매우 중요합니다. 보고 들은 내용이 판결에 결정적인 역할을 하기 때문이지요. 우리는 예수님의 증인입니다. 예수님의 십자가 고난을 믿고 나를 위해 흘리신 보혈에 진정으로 감사하고 진실로 고백한다면 우리가 증인입니다. 증인인 우리는 하나님의 진노 아래 있는 사람들을 살리기 위해 보고 들은 것을 말해야 합니다. 오늘 예배하며 증인의 삶을 살기로 고백합시다. 누구에게 예수님에 관한 소식을 전할지 생각하고 나누어 봅시다. 복음을 들어야 할 사람을 위해서 기도합시다.

기도

하나님 아버지, 우리는 예수님의 십자가 사건의 증인입니다. 우리는 예수님의 십자가로 구원을 얻고 새 생명을 가졌습니다. 이제 죽어 가는 사람들을 향해 증인의 삶을 살게 도와주시옵소서.

요한복음 1 | 하나님의 자녀가 되는 권세를 주셨어요

주제 말씀 영접하는 자 곧 그 이름을 믿는 자들에게는 하나님의 자녀가 되는 권세를 주셨으니 요한복음 1:12
관련 말씀 요한복음 1-12장

요한복음은 요한이라는 사람이 예수님에 관해서 쓴 복된 소식이에요. 요한은 야고보와 함께 예수님의 제자였어요. 원래 별명이 '우레의 아들'이었는데, 그만큼 급하고 열정적인 사람이었지요. 그런 그는 예수님을 만난 후 '사랑의 사도'라는 이름으로 불리며 요한일·이·삼서와 요한계시록을 기록했습니다.

요한복음은 에베소교회를 중심으로 소아시아 교회들에게 예수님에 관한 말씀을 전하기 위해 기록되었습니다. 이 당시에 성도들은 로마 정부의 핍박과 주변 헬라 철학과 유대교와 다른 종교들의 교리적인 공격 가운데 놓여 있었습니다. 유대교에서 개종한 사람들은 유대인 사회에서 추방을 당하기도 했고, 예수님을 나의 주님으로 고백했다는 이유로 투옥되기도 했어요.

요한복음을 처음 받은 성도들은 이처럼 어렵고 힘든 가운데 있었어요. 세상의 왕이 예수님보다 더 힘이 세고 강해 보였습니다. 예수님은 권력과 재물도 없어 보이셨어요. 그러나 요한은 예수님이 성자 하나님이시며 창조 때 성부 하나님과 함께 계셨다고 말합니다. 창세 전에 계신 성자 하나님이 육신으로 우리에게, 이 땅에 오셨어요.

요한복음은 예수님을 믿는 모든 사람은 세상의 어떤 권세와 비교할 수 없는 권세를 가질 수 있게 되었다고 말해요. 그것은 바로 하나님의 자녀가 되는 권세입니다. 이 권세는 세상의 어떤 힘보다 큰 능력입니다.

하나님이 나의 아버지가 되어 주셔서 어떤 환란과 핍박에도 믿음을 잃지 않게 하시고, 악한 사탄, 마귀에게서 보호해 주세요. 하나님은 영원한 생명을 주겠다는 약속을 반드시 지켜 주시고, 지금부터 영원토록 하나님의 통치를 받게 해주십니다. 이것이 우리의 힘과 능력이에요.

〰️ 적용

우리에게 세상에서 가장 큰 권세가 주어졌어요. 어떤 권세일까요? 바로 우주 만물을 창조하신 하나님의 자녀가 된 권세예요. 하나님은 우리가 예수님을 나의 구주로 영접하는 순간, 하나님의 자녀가 되는 특권을 주셨어요. 하나님은 나의 아버지이시기 때문에 우리의 어려움을 아시고 모든 기도를 들어주시며 응답하기를 기뻐하십니다. 오늘 예배하며 창조주 하나님의 자녀인 우리의 기도에 응답하시며 우리를 지켜주시는 은혜에 감사합시다.

기도

하나님 아버지, 예수님을 믿음으로 하나님의 자녀가 되는 권세를 주셔서 감사합니다. 이 권세를 환란과 어려움 가운데서도 누릴 수 있게 도와주세요. 하나님 아버지께 기도할 때 속히 응답해 주시고, 고난 중에서 힘과 능력을 경험하게 도와주세요.

요한복음 2 | 예수님의 최고 계명, 서로 사랑

주제 말씀 새 계명을 너희에게 주노니 서로 사랑하라 내가 너희를 사랑한 것같이
너희도 서로 사랑하라 요한복음 13:34
관련 말씀 요한복음 13-17장

요한복음에서 예수님은 제자들과의 마지막 만찬 후에 '다락방 강화'라고 하는 마지막 말씀을 주셨습니다(요 13-16장). 이 말씀에서 예수님은 제자들에게 새로운 계명을 주셨습니다. 그것은 "서로 사랑하라"는 말씀입니다. 예수님은 "내가 너희를 사랑한 것같이 너희도 서로 사랑하라"고 말씀하셨습니다. '새로운 계명'이라는 말은 과거의 말씀은 의미 없다는 뜻이 아니라, 과거의 모든 말씀을 완성한다는 의미입니다. 즉, 그동안의 모든 계명을 완성한다는 뜻이지요. 예수님은 서로 사랑하라고 말씀하시면서 직접 몸으로 실천해 보여 주셨어요.

예수님은 제자들과 이 땅에서 마지막 식사를 하실 때 제자들의 발을 씻어 주셨어요. 그중에 유다와 베드로도 있었어요. 유다는 나중에 예수님을 은 30에 팔아 버릴 사람이에요. 베드로는 예수님을 가장 사랑한다고 말했지만, 중요한 순간에 예수님을 욕하고 저주하며 부인할 사람이지요. 그러나 예수님은 그들의 더러운 발을 씻어 주셨을 뿐만 아니라 어린양 같은 제물이 되시고 피 흘려 십자가에서 죽기까지 사랑을 실천해 보여 주셨습니다.

예수님이 말씀하신 사랑은 자기 몸을 내어 줄 수 있는 사랑입니다. 이 사랑으로 예수님은 하나님의 말씀에 완전한 순종을 보여

주셨어요. 예수님의 사랑은 우리의 죄악을 대신 짊어지고 십자가에서 피 흘리신 사랑이에요. 자신을 이용하고 배신하는 사람까지 품어 주는 사랑이지요. 사도 요한은 요한일서 2장에서도 하나님은 사랑이시며, 예수님을 대속 제물로 보내심으로 그 사랑을 보여 주셨다고 말해요. 이 사랑이 바로 새로운 계명이며, 모든 율법을 완성하는 하나님에 대한 온전한 순종이에요.

적용

예수님의 제자들은 예수님이 고난당하실 때 예수님을 돕지 않고 모두 도망쳤어요. 그러나 예수님은 이런 사실을 아시면서도 제자들을 끝까지 사랑하셨어요. 배신하는 제자들을 위해 십자가에서 피를 흘리셨어요. 그리고 예수님은 부활 후에 다시 그들을 만나 품어 주시고 용서하시고 사랑하셨어요. 이 사랑은 지금 우리를 향한 사랑이에요. 오늘 예배하며 예수님이 나를 사랑하신다는 사실을 더욱 깊이 알 수 있도록 기도합시다. 이 사랑으로 우리 가족을 더욱 용납하고 품고 사랑할 수 있게 해주시기를 기도해요.

기도

하나님 아버지, 우리는 부족한 점이 너무나 많아서 하나님의 자녀로 살기에 실패할 때도 있고, 예수님을 드러내지 못할 때도 있어요. 그럼에도 불구하고 이런 우리를 끝까지 사랑해 주셔서 감사합니다. 예수님의 사랑을 더욱 깊이 알게 도와주시고, 하나님의 사랑 안에서 살게 해주세요.

요한복음 3 | 우리를 향한 예수님의 끝없는 사랑

주제 말씀 요한의 아들 시몬아 네가 나를 사랑하느냐 하시니 주께서 세 번째 네가 나를 사랑하느냐 하시므로 베드로가 근심하여 이르되 주님 모든 것을 아시오매 내가 주님을 사랑하는 줄을 주님께서 아시나이다 예수께서 이르시되 내 양을 먹이라 요한복음 21:17

관련 말씀 요한복음 18-21장

    예수님은 부활하신 후 승천하시기 전에 제자들에게 나타나셨어요. 제자들은 예수님의 부활을 기대하지 않았기 때문에 대부분 흩어져서 원래 가졌던 직업으로 돌아갔어요. 베드로와 그와 함께 있던 6명의 제자는 물고기를 잡으러 가겠다며 배를 탔어요.

    예수님이 제자들과 함께 계실 때 이미 제자들에게 부활을 여러 번 말씀하셨을 뿐만 아니라 모여서 기도하라고 가르치셨지만, 그들은 순종하지 않았어요. 그들이 예전에 예수님을 따르겠다고 외친 모든 고백도 물거품이 되어 버렸지요. 제자들은 더 이상 예수님을 기대하지 않았어요.

    그러나 예수님은 믿음이 없는 제자들을 다시 찾아가셨어요. 디베랴 바닷가에서 밤새도록 물고기를 잡지 못하고 헛수고만 하는 제자들에게 배 오른편으로 그물을 던지라고 가르쳐 주셨어요. 마치 처음 제자들을 만나서 부르셨을 때처럼 말이지요(눅 5장). 요한은 예수님을 처음 만났던 순간이 생각났는지, 바닷가에 서 계신 분이 예수님이라고 말했어요. 그러자 베드로가 급히 배에서 뛰어내려 예수님께 향했습니다.

예수님은 바닷가에 이미 숯불과 아침 식사를 준비해 두셨어요. 예수님은 배신한 베드로와 부활을 믿지 못한 제자들의 잘못을 지적하지 않으셨어요. 오히려 예수님은 베드로에게 "나를 사랑하느냐?"라고 세 번 물으시며 베드로가 예수님을 세 번 부인한 일을 떠올리게 하셨지요.

베드로는 세 번 답을 하는 과정에서 점점 더 자신이 없어졌지만, 예수님은 베드로의 좌절과 실패를 품어 주셨고, 베드로의 세 번 대답을 듣고 더 큰 사역을 맡겨 주셨어요. 베드로를 선택하신 예수님은 그를 끝까지 사랑하시며 사명을 다할 수 있게 도와주셨습니다.

〰️ 적용

우리는 예수님을 믿는다고 하면서도 근심과 걱정으로 믿음 없이 살 때가 있어요. 때로는 하나님의 형상으로 지으심을 받은 자신을 비관하고 열등감에 빠져서 자책할 때도 있지요. 그러나 예수님은 우리를 정죄하지 않으시고, 우리가 겸손히 연약함을 인정할 때 우리를 불쌍히 여기세요. 심지어 우리가 예수님의 손을 놓더라도 예수님은 우리의 손을 잡고 놓지 않으세요. 오늘 예배하며 예수님이 지금도 나를 사랑하고 계시다는 사실을 온전히 믿을 수 있도록 기도합시다. 예수님의 사랑이 마음에 가득 찰 수 있도록 기도합시다.

기도

하나님 아버지, 우리는 너무나 연약해서 자주 넘어집니다. 그러나 우리를 향한 사랑을 거두지 않으시고, 우리를 붙잡아 주시고, 기도할 힘을 주셔서 감사합니다. 항상 나를 향한 예수님의 사랑을 확신하며 살아갈 수 있게 도와주시옵소서.

사도행전 1 | 교회의 시작, 성령님이 오셨어요

주제 말씀 오직 성령이 너희에게 임하시면 너희가 권능을 받고 예루살렘과 온 유대와 사마리아와 땅끝까지 이르러 내 증인이 되리라 하시니라 사도행전 1:8
관련 말씀 사도행전 1-7장

사도행전은 사도들이 예수님을 증거한 역사에 관한 말씀입니다. 이 말씀은 누가복음을 기록한 누가가 썼습니다. 누가는 예수님의 탄생과 고난과 부활에 관한 누가복음을 쓰고 나서 이 복음이 어떻게 모든 민족에게 증거되고 교회가 세워졌는지, 그 역사를 이어서 기록했습니다.

예수님이 십자가 형벌을 당하실 때 제자들은 흩어졌고, 그분을 따르는 무리도 없었습니다. 그러나 예수님이 부활하시고 승천하신 후에 예수님에 관한 복음이 전 세계로 증거되었어요. 이 일이 어떻게 시작되었을까요? 예수님이 이미 약속하신 성령님의 강림으로 시작되었어요.

사도행전 2장에 기록된 성령님의 오심은 온 세상을 향한 하나님의 구원 계획에서 매우 중요한 역사적 분기점입니다. 이것은 하나님이 구약의 선지자들을 통해서 수없이 약속하셨던 말씀이 이루어진 순간이었어요.

하나님이 약속하신 성령님이 오셔서 이스라엘뿐만 아니라 말씀이 전해지는 세계 곳곳에서 하나님의 자녀를 부르시고 교회를 이루게 되었습니다. 성령님이 오심으로 복음이 사도들을 통해서 각 나라와 민족의 언어로 증거되었습니다.

오순절 성령 강림 이후로, 성령님은 복음이 증거되는 곳마다 말씀으로 역사하십니다. 어떤 세상의 권세도 이것을 막을 수 없습니다. 아무리 로마 제국이 강력한 힘과 권세를 가지고 있더라도 성령님을 통한 복음 증거의 역사로 세워지는 교회를 막을 수 없었습니다. 스데반과 같은 순교자가 있어도 오히려 복음이 더욱 강력하게 역사했고, 믿는 자의 수가 더해져 결국 로마 제국도 복음으로 정복되었습니다.

적용

구원은 삼위일체 하나님의 역사입니다. 성부 하나님은 구원을 계획하시고, 성자 하나님은 구원을 실행하시고, 성령 하나님은 구원을 적용하십니다. 말씀이 증거되는 모든 곳에 성령님이 역사하십니다. 우리는 성령님의 역사로 2천 년 전에 오셨던 예수님을 믿고 따르게 되었어요. 우리가 교회에서 예배하고 예수님을 주님으로 고백하고 찬양할 수 있게 된 하나님의 은혜에 감사합시다. 우리를 구원하시고 교회로 불러 주신 성령 하나님의 능력과 은혜에 감사합시다.

 기도

하나님 아버지, 예수님의 십자가 공로를 성령님의 부르심으로 믿게 되었음에 감사합니다. 우리를 구원하신 삼위일체 하나님의 은혜를 찬양합니다.

사도행전 2 | 세계 선교는 하나님의 계획이었어요

주제 말씀 대답하되 주여 누구시니이까 이르시되 나는 네가 박해하는 예수라 사도행전 9:5
관련 말씀 사도행전 8-12장

신약 시대에 성령 하나님이 오신다는 말씀은 이미 에스겔, 예레미야, 이사야, 요엘과 같은 수많은 선지자를 통해서 약속되었어요. 이 약속대로 오순절에 성령님이 오셔서 사도들을 통해 복음이 온 유대와 사마리아와 전 세계로 증거되었습니다.

하나님은 신약 시대에 복음 증거와 성경 기록을 위해서 특별한 사도들을 선택하셨어요. 그중에서 대표적인 사람은 바울입니다. 바울은 원래 정통 유대인이었습니다. 당시에 유대교에서 덕망 있는 학자인 가말리엘의 문하생으로서, 차세대 유대교 지도자였습니다. 유대교에 대한 열심으로 그리스도인을 핍박하는 데 주도적인 역할을 했습니다. 스데반 집사가 순교할 때도 바울은 현장에서 투석형에 승인할 정도로 기독교를 탄압했습니다.

그러나 성령님의 부르심은 아무리 악한 사람도 회개하게 합니다. 바울도 예외는 아니었어요. 그리스도인을 핍박하던 바울은 예수 믿는 사람들을 잡기 위해 다메섹으로 가던 길에 예수님을 만나 인생이 바뀌었습니다. 예수님을 핍박하던 사람에서 예수님을 전하는 사도로 평생을 헌신했습니다. 이제 바울은 평생 온 유대와 사마리아와 땅끝까지 복음을 증거하는 사람이 되었습니다.

바울이 회심할 것에 대한 어떤 힌트도 없었어요. 갑작스럽게 회심이 일어난 이유는 오직 하나님의 역사였다는 점을 강조하기 위해서입니다. 복음의 역사는 하나님의 작정으로 계획되었고, 부르심에 순종한 믿음의 사도들로 인해 일어났습니다. 어떤 세력도 복음 증거를 위한 하나님의 계획과 작정을 막을 수 없습니다. 하나님은 이 모든 과정을 통해서 살아 계심과 권능을 드러내십니다.

적용

하나님은 지금도 성령님을 통해서 구원받을 자를 부르십니다. 그 방법은 다양합니다. 마지못해 교회에 왔다가 회심하거나, 말씀을 읽다가 하나님 앞에 엎드리는 경우도 있습니다. 누가 어떻게 예수님을 믿게 될지 그 방법과 시기는 알 수 없으나, 모든 복음의 역사는 성령님의 역사입니다. 우리는 이 일을 위해 단지 도구로 사용될 뿐입니다. 오늘 예배하며 복음을 듣고 회심해야 할 사람을 위해 기도합시다. 하나님의 때에 하나님이 마음을 열어 주시고 그 사람에게 복음이 들어가기를 기도합시다.

기도

하나님 아버지, 우리 안에 복음의 씨앗을 심어 주셔서 감사합니다. 힘들고 어려울 때 예수 그리스도의 십자가 공로를 의지해 하나님께 담대히 나아가 간구하며, 은혜 안에 거할 수 있게 도와주시옵소서.

사도행전 3 | 사랑의 눈물로 전해지는 복음

주제 말씀 내가 달려갈 길과 주 예수께 받은 사명 곧 하나님의 은혜의 복음을 증언하는 일을 마치려 함에는 나의 생명조차 조금도 귀한 것으로 여기지 아니하노라 사도행전 20:24
관련 말씀 사도행전 13-26장

사도행전은 사도 바울의 사역에 관해 많은 내용을 기록하고 있습니다. 전체에서 절반 정도가 전도 여행 내용을 다룹니다. 바울은 약 34년 동안, 3차에 걸쳐서, 약 4,700km 거리를 여행하며 복음을 전했으며, 신약 성경 27권 중에서 13권의 성경을 썼습니다. 복음을 위해 부름받은 사도들 중에서 가장 많은 사역을 했습니다.

13장부터 시작되는 전도 여행은 3차에 걸쳐서 이루어졌고, 이후 마지막 4차 여행은 재판을 받기 위해서 로마로 압송되는 과정이었습니다. 사도 바울은 당시 로마 제국에 속한 수많은 도시를 다니며 갖은 고초를 당하고 핍박을 받으면서 복음을 증거했습니다. 배가 파선해 죽을 고비도 넘기고, 유대인들에게 잡혀 매를 맞기도 했습니다. 그는 장막 만드는 일을 해가며 선교비를 충당해 평생 복음을 전했습니다.

그러나 이 모든 과정에서 사도 바울은 온 마음을 다해 성도를 가르치고, 눈물로 훈계하며, 사랑으로 교회를 세워 갔습니다. 3차 전도 여행 때는 에베소교회에 오랫동안 머물며 두란노서원에서 말씀을 가르치고 양육하는 일에 힘을 썼습니다. 그는 에베소교회를 떠나며 자신이 성도들을 어떻게 가르치고 사역했는지를 고백했습니다. 받기보다 나누어 주었을 뿐만 아니라 쉬지 않고 눈물로 각 사람을 훈계하고 겸손하게 가르쳤지요. 사도 바울은 사랑과 긍휼로 복음을 전했습니다.

≋ 적용

사도 바울은 수많은 교회를 세웠고, 복음을 증거했으며, 어떤 대가도 바라지 않았고, 눈물과 훈계로 큰 사랑을 보여 주었으며, 말씀을 가르치고 양육했습니다. 이것이 복음의 능력입니다. 우리에게 전해진 예수 그리스도의 고난과 부활에 관한 복음은 또 다른 사람을 향해 증거하는 능력으로 드러납니다. 우리 가족이 서로를 바라보며 복음에 빚진 자로서 인내하고 사랑과 수고와 섬김으로 돌보겠다고 기도합시다. 우리 가정에 복음이 살아 역사해 서로를 더욱 용납하고 품으며 인내하고 사랑할 수 있게 되기를 기도해요.

기도

하나님 아버지, 우리를 복음 안으로 불러 주셔서 감사합니다. 복음이 우리 안에서 살아 역사할 수 있도록 도와주셔서, 우리 가정이 복음으로 인해 사랑과 섬김과 인내와 수고로 하나 되게 하옵소서.

사도행전 4 | 로마 제국을 이긴 복음

주제 말씀 하나님의 나라를 전파하며 주 예수 그리스도에 관한 모든 것을 담대하게
거침없이 가르치더라 사도행전 28:31
관련 말씀 사도행전 27–28장

사도 바울은 순교하는 마음으로 마지막 사역지를 예루살렘으로 정했어요. 그래서 3차에 걸친 유럽 전도 여행 후에 다른 사역자들의 만류에도 불구하고 죽음을 각오한 채 예루살렘으로 갔습니다.

이스라엘 사람들의 입장에서 볼 때 바울은 기독교로 개종한 변절자였고, 많은 유대인을 기독교로 인도한 사람이었어요. 이스라엘에 바울을 잡아서 죽이기 위한 결사대가 40명이나 있을 정도로 그들은 바울을 싫어했어요.

그러나 바울은 예루살렘에서 복음을 증거했고, 자신의 죄에 대한 재판을 로마에서 받기를 요청했습니다. 당시 유대 땅 총독은 로마 시민권자였던 바울을 함부로 다룰 수 없어 로마로 이송했습니다. 죄수의 몸으로 로마에 도착한 바울은 2년 동안 가택 연금 상태에서 살면서 복음을 전하고 4권의 서신서를 기록했습니다. 에베소서, 빌립보서, 골로새서, 빌레몬서입니다.

사도 바울이 죽음을 각오하고 복음을 위한 마지막 삶의 불꽃을 피우려 할 때 하나님은 또 다른 길을 여셨고, 바울의 계획보다 더 큰 하나님의 구원 경륜을 위한 일꾼으로 사용하셨어요. 바울의 마지막은 세계의 심장, 로마의 어떤 가옥에 연금된 상황에 대한 말씀으로 끝나요. 하지만 기독교 역사는 로마가 복음으로 정복된 사

실을 증명합니다. 주후 313년 로마 제국은 밀라노 칙령으로 기독교가 국교가 되었음을 선포하며 복음 앞에 무릎을 꿇었어요.

사도행전 말씀은 완결되었지만, 사도행전의 사명은 시간이 끝나지 않는 한 우리에게도 남아 있어요. 신약 시대 하나님이 특별한 계시를 보여 주시고 이를 기록하시기 위한 사도 선택과 성경 기록 사역은 끝났습니다. 그러나 복음 증거와 복음을 통한 사랑의 실천은 지금도 계속해서 우리에게 부여되는 사명이에요. 이제 우리가 복음 증거 사역을 계속해 나가야 합니다.

≋ 적용

우리가 받은 복음에는 순교자의 피가 묻어 있습니다. 이 피는 예수 그리스도가 흘리신 보혈이며, 예수님을 위해 자신의 삶을 바친 수많은 하나님의 자녀들의 헌신입니다. 복음을 진실로 받아들였다면 그 말씀을 따라 예수님처럼 사랑하고, 예수님처럼 인내하고, 예수님처럼 낮아지는 삶을 살아야 할 사명이 있습니다. 오늘 예배하며 내 마음속에 심긴 복음이 얼마나 소중한 은혜인지를 고백합시다. 그 은혜와 사랑을 증거하며 가족을 섬기고, 가족을 위해 수고하고, 가족을 오래 참으며, 서로를 위해서 깊이 간구합시다.

기도

하나님 아버지, 우리에게 복음을 허락해 주셔서 감사합니다. 우리를 위한 예수님의 고난과 부활을 날마다 마음에 새기고, 하나님의 말씀을 따라 순종하며 서로 섬기고 기도할 수 있도록 인도해 주시옵소서.

로마서 1 | 서로의 부족함은 섬김의 기회예요

주제 말씀 먼저 내가 예수 그리스도로 말미암아 너희 모든 사람에 관하여 내 하나님께 감사함은 너희 믿음이 온 세상에 전파됨이로다 로마서 1:8
관련 말씀 로마서 1장

로마서는 사도 바울이 로마교회를 향해서 쓴 편지입니다. 로마는 당시에 약 80만 명이 사는 거대한 대도시였고, 세계적인 문화와 외교와 무역의 중심지였습니다. 다양한 민족이 살고 있었는데, 이들 중에서 유대인들이 상당한 세력을 형성하고 있었어요. 로마교회는 유대인들을 중심으로 시작되었고 점점 이방인들에게도 복음이 증거되었습니다.

로마서는 주로 유대교에서 개종한 사람들이 구약의 율법과 예수님의 복음에 관한 바른 이해를 갖도록 기록되어 있어요. 유대인들은 구약의 율법을 잘못 이해해 구원에 관해서 크게 오해하고 있었고, 이방인들은 죄에 대해 무딘 양심 때문에 거룩한 삶의 변화가 필요했지요.

로마교회 성도들에게 문제가 있었지만, 사도 바울은 먼저 이들에 관하여 하나님께 감사하다고 말했어요. 사도 바울이 쓴 모든 편지로 된 말씀의 공통점은 아무리 문제가 많아도 감사로 시작한다는 점이에요. 처음 교회가 생길 때 아직 성숙하지 못해서 수많은 갈등과 문제가 생겼지만, 사도 바울은 이런 연약함을 기회로 삼았어요. 예수님에 관한 진리를 더욱 깊이 증거하고, 성도를 향한 사랑과 헌신의 기회로 삼았지요.

사도 바울은 유대인들에게 자신의 의지로 만든 선한 행동이 구원을 이루어 낸다는 생각이 오류임을 드러내면서, 우리의 선한 행동이 아닌 오직 믿음으로만 얻는 구원이 얼마나 큰 하나님의 은혜인지를 드러냈어요. 우리의 공로가 아니라, 오직 하나님의 은혜로 부르시고, 양자로 삼아 주시고, 거룩한 삶을 살도록 성화로 이끌어 주심을 증거했습니다.

적용

로마교회 성도들에게 많은 부족함이 있었지만, 사도 바울은 먼저 그들에 대하여 하나님께 깊은 감사를 올렸어요. 우리도 가정에서 서로의 부족함이 보일 때 비난하기보다 나의 부족함을 알고, 서로를 불쌍히 여기며 예수님의 사랑을 실천하는 기회로 삼아야 해요. 그동안 가정에서 서로의 부족한 점을 지적하고 비난했다면, 서로 용서를 구하고 우리 가정에 화목한 은혜가 있기를 구합시다. 먼저 용서하고, 먼저 사랑으로 품기를 다짐해요.

기도

하나님 아버지, 우리를 믿음의 가족으로 불러 주셔서 감사합니다. 서로에게 연약하고 부족한 모습이 보이더라도 품고 안아 주며 그리스도의 사랑의 법을 드러내는 기회로 삼을 수 있게 도와주시옵소서.

로마서 2 | 모든 사람은 죄인이에요

주제 말씀 그러면 어떠하냐 우리는 나으냐 결코 아니라 유대인이나 헬라인이나 다 죄 아래에 있다고 우리가 이미 선언하였느니라 로마서 3:9
관련 말씀 로마서 2-3장

로마서가 제일 먼저 다루는 주제는 "죄"입니다. 로마교회로 들어온 유대인들의 대부분은 이전에 잘못된 유대교적 신앙을 가지고 있었어요. 구약 성경을 오해해서 신앙적인 규칙을 지키기만 하면 구원을 얻는다고 생각했어요. 자신이 지키고 있는 신앙적인 규칙을 보면서 자신은 의롭다고 생각했고, 자신의 의로운 모습 때문에 구원을 얻는다고 여겼지요. 그러나 로마서는 유대인들을 포함한 우리 모두가 죄인이라고 말해요.

사람이 자신에게 죄가 있다는 사실을 알기 위해서는 죄가 무엇인지를 규정하는 법이 필요해요. 이 법은 율법이라고 하는 하나님 말씀이에요. 율법은 세 가지 기능을 가지고 있어요. '정죄', '억제', '삶의 규범'이에요. 이 중에서 먼저 로마서는 정죄의 내용을 상세히 말해 주어요.

우리에게는 죄가 있고, 우리는 이 죄로 인해서 하나님의 진노를 받아 심판을 받을 수밖에 없어요. 하나님께 "죄가 없다"는 말을 듣기 위해서는 평생 동안 단 한 번의 나쁜 생각도 해서는 안 돼요. 구원을 얻기 위해서는 완전한 의로움이 필요해요. 이런 하나님의 기준에 이를 수 있는 사람은 아무도 없어요. 율법을 몰랐던 이방인들도 역시 죄인이에요. 로마서는 양심이 그들에게 율법이 되어 죄인이라는 사실을 증거한다고 말해요.

죄를 보시는 하나님은 진노하세요. 하나님은 최고의 선이시기 때문이에요. 죄를 해결하는 방법은 우리 인간에게서 찾을 수 없어요. 오직 예수님을 통해서만 죄를 해결할 수 있어요. 오직 예수님만 믿어야 구원에 이를 수 있어요.

〰️ 적용

하나님은 완전한 거룩이십니다. 하나님께 이르기 위해서는 완전한 거룩이 있어야 해요. 모든 사람은 하나님 앞에서 죄인이에요. 죄인에 대해서 하나님은 진노하세요. 그 진노로 죄인을 심판하실 수밖에 없어요. 어느 누구도 하나님의 심판을 피할 수 없어요. 다른 종교에도 구원은 없어요. 그러나 우리는 예수님 때문에 하나님의 진노를 피하고 구원을 얻을 수 있게 되었어요. 오늘 예배하며 모든 사람이 죄에 대해 진노하시는 하나님을 두려워할 수 있도록 기도합시다. 하나님의 심판을 피하는 길은 오직 예수님밖에 없다는 복음을 전할 수 있기를 기도합시다.

🏠 기도

하나님 아버지, 모든 사람이 죄에 대해 진노하시는 하나님을 두려워할 수 있게 해 주세요. 하나님의 진노 앞에서 오직 구원은 예수님밖에 없다는 사실을 사람들이 깨닫도록 도와주세요.

로마서 3 | 우리를 위해 기도하시는 성령님

주제 말씀 이와 같이 성령도 우리의 연약함을 도우시나니 우리는 마땅히 기도할 바를 알지 못하나 오직 성령이 말할 수 없는 탄식으로 우리를 위하여 친히 간구하시느니라 로마서 8:26
관련 말씀 로마서 4-11장

처음 복음이 전해지면서 많은 유대인이 교회로 오게 되었어요. 로마교회에도 많은 유대인이 있었어요. 로마서는 그동안 유대인들이 잘못 생각하고 있던 구원을 다시 가르쳐 주었어요. 유대인들은 자기 스스로 실천한 말씀의 법칙들, 즉 율법 때문에 구원을 얻는다고 생각했어요. 로마서는 반대로 이야기해요. 그들이 지키려고 했던 율법은 오히려 그들이 죄인이라는 사실을 깨닫게 한다고 말하고 있어요.

구원을 얻을 정도로 율법을 지키려면 평생 마음에 나쁜 생각을 단 한 번이라도 해서는 안 돼요. 이렇게 완벽하게 율법을 지키는 사람은 없어요. 모든 율법을 지킬 수 없는 자신을 볼 때 자신이 얼마나 연약한 죄성을 가진 사람인지 보아야 해요. 율법은 죄를 깨닫게 해요. 이처럼 스스로의 힘으로 죄를 깨달을 수 없다는 사실을 알게 되었다면 어떻게 해야 할까요? 오직 예수님만 믿는 길밖에 없어요.

그러면 예수님을 어떻게 믿을 수 있을까요? 성령님이 우리의 죄 때문에 하나님께 이를 수 없다는 사실을 깨닫게 해주세요. 오직 예수님만이 유일한 구원의 길이시라는 사실을 깨닫게 해주시지요. 예수님을 믿는 믿음이 생길 때 비로소 우리는 죄에서 해방될 수 있어요.

성령님은 예수님이 이루신 완전한 의를 우리에게 전가시켜 주세요. 실제로 우리가 율법을 다 지키지 못했어도, 예수님을 믿는 믿음 때문에 우리를 완전히 의롭다고 칭해 주시는 거예요. 이것은 성령님의 놀라운 역사예요. 성령님이 우리를 부르셔서 죄를 깨닫게 하시고, 믿음을 주실 뿐만 아니라, 하나님의 자녀라고 해주세요. 또한 이 땅에서 끝까지 믿음으로 살 수 있게 힘을 더해 주시고, 하나님 앞에 설 수 있도록 보호해 주세요.

적용

성령님은 우리를 부르셔서 믿음을 선물로 주셨어요. 성령님은 지금도 우리 마음에 계시고, 우리의 믿음이 떨어지지 않도록 말할 수 없는 탄식으로 기도하실 뿐만 아니라, 하나님 앞에 갈 때까지 구원에서 멀어지지 않게 보호해 주시고, 나중에 하나님 앞에서 영화로운 자녀로 설 수 있게 인도해 주십니다. 오늘 예배하며 성령님께 감사합시다. 우리 마음에 계셔서 우리를 위해서 말할 수 없는 탄식으로 기도하실 뿐만 아니라, 우리를 위해서 친히 하나님께 간구하고 계심에 감사를 올립시다.

기도

하나님 아버지, 성령님을 보내 주셔서 감사합니다. 우리는 성령님을 통해서 예수님을 믿게 되었습니다. 우리를 도우시는 성령님으로 인해 힘을 얻어 믿음으로 살아갈 수 있게 도와주시옵소서.

로마서 4 | 변화된 삶이 거룩한 산 제사입니다

주제 말씀 그러므로 형제들아 내가 하나님의 모든 자비하심으로 너희를 권하노니 너희 몸을 하나님이 기뻐하시는 거룩한 산 제물로 드리라 이는 너희가 드릴 영적 예배니라 로마서 12:1
관련 말씀 로마서 12-16장

하나님은 예수님을 믿는 사람을 의롭다고 칭해 주십니다. 이것을 '칭의'라고 해요. 칭의는 우리 스스로의 힘으로 얻을 수 없어요. 아무리 착하고 좋은 일을 많이 하더라도, 구원에 이르는 의는 완전해야 합니다. 이것은 우리 힘으로 얻을 수 없기에, 하나님은 예수님의 십자가 공로를 믿는 믿음만을 보시고 우리를 의롭다고 말씀해 주셨어요.

예수님은 하나님의 모든 말씀에 완전하게 순종하셨어요. 그래서 우리가 예수님을 믿을 때 예수님이 이루신 의를 우리에게 전가시켜 주세요. 우리의 힘으로 의를 얻은 것이 아니라, 오직 놀라운 은혜로 의롭다 하심을 얻었기에 우리는 하나님께 평생 감사와 찬양을 올릴 수밖에 없습니다.

이렇게 우리의 공로가 아닌 예수님의 공로만으로 칭의를 얻었다면 죄악에 결코 머물 수 없지요. 구원받은 우리는 비록 아직 이 땅에서 죄의 성향을 가지고 있어서 죄를 짓지만, 성령님이 죄악을 깨닫게 하시고, 회개할 마음을 주시며, 죄를 싫어하고 거룩을 사모하는 마음을 주세요. 우리가 진실로 예수님을 영접했다면, 우리와 예수님은 연합되어요.

그래서 말씀을 사모하며 하나님을 기쁘시게 하는 삶을 살고 싶은 마음과 의지가 생겨요. 이런 마음으로 말씀에 순종하고 실천하며 살아가는 것이 바로 새로운 삶이에요. 이것을 로마서에서는 '거룩한 산 제물이 된다'고 말해요. 우리가 제물이 된다는 말은 실제로 제사의 제물로 바쳐진다는 뜻이 아닙니다. 우리의 말과 생각과 마음과 행동이 변화되어 하나님이 보시기에 기쁜 삶을 살게 된다는 뜻이에요.

적용

우리가 얻은 구원은 도무지 우리의 힘으로 얻을 수 없는 하나님의 놀라운 은혜예요. 이 사실이 우리에게 영원한 찬송이요, 영원한 감사의 제목이며, 감격이 된다면 우리는 하나님이 원하시는 삶을 살아가게 됩니다. 하나님을 경외하며 예배하고, 가족과 이웃에게 사랑을 베풀고 인내하며 섬기고 살아가게 되어요. 오늘 예배하며 우리를 구원해 주신 하나님께 감사합시다. 이 감사함으로 가족과 이웃을 하나님 말씀대로 사랑하고 섬기며 살 수 있도록 기도합시다.

기도

하나님 아버지, 우리가 하나님을 알기 전에 먼저 우리를 사랑해 주셔서 감사합니다. 예수님을 통해서 보여 주신 하나님의 사랑을 가정에서 서로에게 실천하며 나타낼 수 있게 도와주시옵소서.

고린도전서 1 | 연약한 자를 향한 감사

주제 말씀 그리스도 예수 안에서 너희에게 주신 하나님의 은혜로 말미암아 내가 너
희를 위하여 항상 하나님께 감사하노니 고린도전서 1:4
관련 말씀 고린도전서 1-6장

고린도전서는 사도 바울이 고린도교회를 향해서 쓴 편지입니다. 사도 바울은 아굴라와 브리스길라 부부를 만나 장막 만드는 일을 하며 고린도교회를 개척했지요.

당시 고린도라는 도시는 물질이 풍부하고 문화가 발전했지만, 도덕적으로 문란했어요. 이런 타락한 문화적 배경을 가진 사람들이 교회로 들어와서 예수님을 믿었지만, 말씀에 순종하는 성숙한 모습을 보이기보다 연약한 모습으로 문제를 일으키기도 했어요.

특히 이 당시는 강연을 잘하는 철학자들의 활동이 활발한 시대여서 언변에 능한 사람들이 인기가 있었어요. 그렇다 보니 교회 안에서도 언변에 능한 사람들을 따라서 서로 편이 나누어지기도 했어요. 또한 도덕적인 문제와 예배 질서가 정착되지 않은 문제도 생겼어요.

고린도교회뿐만 아니라 이 땅에 있는 교회는 아직 완전하지 않아요. 아직 우리는 죄의 성향을 가지고 있기 때문에 교회에는 항상 크고 작은 시험과 어려움이 있어요. 사도 바울은 이런 문제를 잘 알고 있었어요. 하지만 그가 고린도전서에서 가장 먼저 언급한 내용은 잘못에 대한 지적이 아니라 감사예요. 고린도교회 성도들에게 '말하는 것과 지식이 풍부하고, 예수님에 대한 확신을 가지

고 있으며, 예수님의 재림을 기다리는 믿음을 가지고 있다'며 칭찬과 격려의 말을 전했어요.

또한 바울은 고린도교회를 향한 기대도 기록했어요. 마지막 날에 책망할 것이 없는 자로 하나님이 끝까지 견고하게 세워 주실 것을 기대했지요. 모두 연약하지만, 믿음 안에서 반드시 모든 문제를 극복하게 될 것을 바라보고 있어요. 사도 바울은 연약한 교회를 보며 먼저 감사했어요.

적용

예수님을 나의 구주로 영접하는 순간 새로운 삶이 시작됩니다. 신앙은 한 번에 완성되지 않습니다. 여전히 우리는 죄의 성향을 가지고 있기에 계속해서 영적인 싸움을 해야 합니다. 그렇기에 누군가의 죄악 된 모습이 보이더라도 비판하고 잘못을 들추어내기보다 바른 믿음을 가질 수 있도록 기도하고 격려해야 합니다. 누군가의 잘못을 정죄하고 비판하고 무시했다면, 오늘 예배하며 하나님께 용서를 구합시다. 부족한 성도와 가족을 위해 사랑으로 더욱 기도하고, 함께 짐을 질 수 있도록 기도합시다.

기도

하나님 아버지, 우리를 죄악 가운데 버려두지 아니하시고 거룩하도록 깨우쳐 주시며, 회개하는 마음을 허락해 주셔서 감사합니다. 우리는 하나님의 것이 되었으니 하나님이 기뻐하시는 삶을 살도록 인도해 주시옵소서.

고린도전서 2 | 최고의 은사는 사랑이에요

주제 말씀 그런즉 믿음, 소망, 사랑, 이 세 가지는 항상 있을 것인데 그중의 제일은 사랑이라 고린도전서 13:13
관련 말씀 고린도전서 7-16장

고린도교회에는 어려운 문제가 많이 있었어요. 서로 갈등했고, 은사를 잘못 사용해서 교회 질서가 무너지는 일도 생겼지요. 그러나 사도 바울은 오히려 이 문제들에 대해 예수님의 사랑으로 기도하고 권면하며, 다시 한번 복음을 증거하는 기회로 삼았어요.

특별히 고린도교회에서 일어난 문제 중에서 은사의 문제가 컸어요. 은사는 원래 예수 그리스도와 연합한 자로 부르심을 받은 사람들이 모여 교회를 세우는 과정에서 서로를 돕고, 서로의 성장을 위해 사용하라고 하나님이 주신 선물이에요. 이 선물은 나의 개인적인 능력이나 나의 자랑을 위한 재능이 아니에요. 주님의 몸 된 교회를 건강하게 세우고, 어렵고 힘든 성도를 돕고, 신앙적인 성숙을 도모하기 위해서 하나님이 주신 능력이지요.

우리는 하나님이 주신 은사로 나보다 남을 높여 주며 서로에게 주께 하듯 섬겨야 합니다. 은사는 섬김을 위해 하나님이 주신 거예요. 예수님이 종의 형체를 가지고 우리를 위해서 낮고 비천한 자리로 오셨듯이, 우리도 이웃을 하나님의 형상으로 알아 서로를 긍휼히 여기며 하나님이 주신 은사로 사랑 안에서 섬겨야 합니다.

그러나 고린도교회에서 다양한 은사는 섬김이 아니라 자랑과 경쟁이 되었고, 공적인 예배를 무질서하게 만들었습니다. 심지어 은사로 경쟁까지 했지요. 이 문제의 원인은 무엇이었을까요?

사랑이 없기 때문이었어요. 사도 바울은 어떤 신비하고 유능한 은사보다 더욱 귀한 은사가 바로 사랑이라고 말해요. 고린도전서 13장은 사랑에 관한 보석 같은 말씀을 전하고 있습니다. 어떤 구제와 헌신과 믿음이라도 사랑이 없으면 아무것도 아니라고 합니다. 사랑은 모든 그리스도인이 추구해야 하는 최고의 은사이며, 최고의 가치입니다.

적용

우리가 서로 사랑해야 하는 이유가 무엇일까요? 하나님이 사랑이시기 때문입니다. 하나님은 우리를 위해서 죄가 없으신 독생자 예수님이 우리를 위해 화목 제물로 십자가 형벌을 받게 하심으로 하나님의 사랑을 보여 주셨습니다. 하나님의 사랑이 얼마나 크고 놀라운지 안다면, 예수님 안에 있는 모든 성도를 사랑하지 않을 수 없습니다. 우리 가정에 예수님의 사랑이 충만하길 기도합시다. 예수님의 사랑으로 서로 하나 될 수 있기를 기도합시다. 혹시 서로에게 상처를 준 일이 있다면 용서를 구하고 서로 품고 안아 줍시다.

기도

하나님 아버지, 우리를 먼저 사랑해 주셔서 감사합니다. 우리를 위한 구원 계획을 예수 그리스도를 통해 보여 주셔서 감사합니다. 우리 가정에 하나님의 사랑이 실천되어 서로를 용서하고 품고 안아 줄 수 있게 도와주시옵소서.

고린도후서 1 | 나의 약함은 예수님의 강함이에요

주제 말씀 우리가 항상 예수의 죽음을 몸에 짊어짐은 예수의 생명이 또한 우리 몸에 나타나게 하려 함이라 고린도후서 4:10
관련 말씀 고린도후서 1-7장

사도 바울은 고린도전서에 이어 고린도후서를 기록했어요. 고린도교회에 편지를 보낸 후에 방문했지만, 여전히 해결되지 않은 문제가 있었지요. 교회에 있는 거짓 교사들의 문제였어요. 이들은 예수님에 관한 복음을 무시했어요. 복음을 무너뜨리기 위해서 복음을 전했던 사도 바울을 공격했어요. 거짓 교사들은 사도 바울을 공격해 교회를 무너뜨릴 계획이었지요. 특히 바울이 진짜 사도 자격이 있는지를 의심했어요.

이들이 공격한 내용은 다음과 같았어요. 바울은 약속을 잘 어기고, 겁쟁이며, 급여를 받지 않아서 진정한 사도가 아니라는 주장뿐만 아니라, 복음을 모르며, 사도라는 추천서가 없고, 말도 어눌하며, 욕심이 많은 데다, 외모도 볼품없다는 내용으로 비방을 했습니다. 실제로 사도 바울은 건강한 몸은 아니었습니다. 육체에 가시가 있어 성도들에게 시험거리가 될 정도였지요.

사도 바울은 이러한 모든 공격과 비방 때문에 너무나 힘들었지만, 자신에 대한 공격을 오히려 복음을 변증하는 기회로 삼았어요. 그는 자신이 약하고 부족한 점이 많다고 고백했어요. 육신적인 연약함을 모두 고백하면서, 동시에 이렇게 복음을 위해 수고할 수 있었던 이유는 자신의 연약함으로 인해 그리스도의 능력이 온

전하게 드러났기 때문이라고 고백했지요. 또한 자신은 아무것도 없는 자 같지만, 모든 것을 가진 자이기 때문이라고도 말했어요.

사도 바울은 자신이 살 소망까지 끊어진 수많은 고난을 당했으나, 오직 위로하시는 하나님으로 인해 이겼다고 선포하며, 고난을 통해서 온전하게 된 사도임을 증거했습니다.

적용

믿음으로 살아갈 때 당하는 고난 중에는 육체적인 고단함뿐만 아니라 오해와 비방도 있습니다. 이런 비방을 받을 때 우리는 어떻게 대처해야 할까요? 자기방어와 변호를 해야 합니다. 이 과정은 힘들지만, 오히려 하나님의 은혜와 사랑을 고백하는 기회로 삼는다면 하나님이 비방자들까지 변화시켜 주실 거예요. 혹시 우리가 받은 오해와 비방이 있었다면, 하나님이 진실을 드러내 주시길 기도합시다. 방어와 변호를 할 때 하나님의 영광이 드러나고, 이 과정까지도 복음이 증거되는 하나님의 역사가 있길 기도합시다.

기도

하나님 아버지, 복음을 증거하는 과정에서 때로는 오해를 사고, 비방을 받으며, 고난을 당하기도 합니다. 그럴 때, 하나님이 우리를 변호해 주시고 위로해 주시며, 모든 과정을 복음을 증거하는 기회로 삼아 주시옵소서.

고린도후서 2 | 약할 때가 강할 때입니다

주제 말씀 그러므로 내가 그리스도를 위하여 약한 것들과 능욕과 궁핍과 박해와 곤고를 기뻐하노니 이는 내가 약한 그때에 강함이라 고린도후서 12:10
관련 말씀 고린도후서 8-13장

사도 바울은 자신을 공격하는 거짓 사도들에게 많은 고난을 받았습니다. 거짓 사도들은 자신들이 진짜 사도라고 주장하며 교회를 어지럽혔습니다. 이런 문제에 관해서 사도 바울은 참된 하나님의 일꾼이 누구인지에 대해서 증거했습니다.

참된 일꾼은 언변이나 지식이나 은사를 자랑하거나, 자기 권위를 내세워 인정받기 위해서 애쓰거나, 돈을 사랑하는 사람이 아닙니다. 참된 하나님의 일꾼은 인간적인 능력과 은사보다 약한 것과 고난과 환란 가운데서 성도를 염려하고 그를 위해 애타게 기도하는 사람입니다. 누군가가 믿음이 약해지고 어려운 환경에 놓이면 마음으로 아파하고 고난 가운데 함께 머물고, 누군가 실족하면 마음이 애타고 그를 위해 간절히 기도하는 자입니다. 더 나아가서, 자랑한다면 인간적인 능력과 언변과 은사를 자랑하는 자가 아니라 약하고 어려운 것을 자랑하는 사람입니다.

사도 바울은 이 당시에 거짓 사도들의 자랑과 전혀 다른 자랑을 했습니다. 바울은 자신이 유대인들에게 사십에서 하나 감한 매를 다섯 번 맞았으며, 세 번 태장으로 맞고, 한 번 돌로 맞았으며, 세 번 파선하고, 일주야를 깊은 바다에서 지냈다고 말했습니다(행 11:24-25). 강과 강도와 광야와 바다와 거짓 형제의 위험을 당했고,

주리고 목말랐으며, 춥고 헐벗었다고 했습니다. 그뿐만 아니라 많은 교회가 고난받는 소식으로 매일같이 고민하고 염려하는 고난에도 놓여 있다고 고백했습니다. 굳이 자랑한다면, 자신의 약점을 자랑하겠다고 말했습니다.

〰 적용

우리는 하나님 안에서 무엇을 자랑해야 할까요? 우리의 자랑은 인간적인 연약함이어야 합니다. 신앙의 양심 때문에 당한 손해이어야 합니다. 복음으로 인해 헐벗고 가난에 처한 고난이 자랑입니다. 이런 자랑으로 하나님이 드러나시기를 원한다고 고백할 때 하나님이 오히려 우리를 반드시 높여 주십니다. 그동안 우리의 인간적인 공로를 자랑했다면, 이제는 연약함을 자랑합시다. 우리의 연약함으로 전능하신 하나님이 역사하셔서 놀라운 간증이 될 수 있기를 기도합시다.

기도

하나님 아버지, 우리의 약함을 통해서 하나님의 영광이 드러날 수 있게 도와주세요. 우리는 약하지만 하나님은 강한 분이시므로 나의 모든 연약함이 하나님의 영광을 위해 사용될 줄로 믿습니다.

갈라디아서 1 | 오직 믿음으로 구원을 얻어요

주제 말씀 또 하나님 앞에서 아무도 율법으로 말미암아 의롭게 되지 못할 것이 분명하니 이는 의인은 믿음으로 살리라 하였음이라 갈라디아서 3:11
관련 말씀 갈라디아서 1-3장

갈라디아서는 갈라디아 지역에 있는 교회를 향해서 쓴 사도 바울의 편지입니다. 갈라디아교회는 사도 바울이 개척한 교회였습니다. 바울이 다른 지역 선교를 위해서 떠나자 교회에 거짓 교사들이 들어왔습니다. 이들은 유대교를 믿는 사람들이었습니다.

유대교는 구약 성경을 잘못 받아들인 종교예요. 구약 성경을 일부분 따르지만, 예수님을 믿지 않지요. 구원을 얻기 위해서는 구약 시대에 하나님의 백성이 되는 의식이었던 할례를 받아야 한다고 주장해요. 할례는 몸의 일부분을 제거하기에 겉으로 볼 때 다른 사람과 달라 보이지요.

그들은 이런 외적인 표시가 있어야 구원을 얻고 하나님의 자녀가 되어 하나님이 약속하신 모든 복을 받는다고 생각해요. 이런 유대교는 다른 일반 종교와 다를 바가 없어요. 이들은 자기 몸을 해치고 겉으로 드러나는 노력이나 공로가 있어야 구원을 얻는다고 생각하는 거예요.

그러나 이것은 잘못된 생각이에요. 예수님이 오셔서 달라졌어요. 할례를 받을 필요가 없어요. 우리는 외적으로 드러나는 행위로 구원을 얻는 것이 아니라, 내적으로 보이지 않는 믿음으로 구원을 얻기 때문이에요. 예수님을 믿는 믿음을 가지면 구약 시대에 할례를 받은 것과 같은 효과가 있으며, 하나님이 약속하신 아브라함의 복이 우리 모두에게 이루어집니다. 구약 시대 때 하셨던 하나님의 모든 약속이 오직 예수님을 통해서만 우리에게 이루어집니다.

적용

기독교와 다른 종교의 가장 큰 차이는 인간의 공로예요. 유대교를 포함해서 모든 일반 종교는 인간의 공로로 구원을 얻는다고 말해요. 인간의 공로는 산속에서 수행하거나, 착한 일을 많이 하는 노력들을 의미해요. 그러나 이 모든 노력은 인간의 죄를 사라지게 하지 못해요. 오직 예수님만이 죄를 없애실 수 있어요. 하나님은 십자가에 달리신 예수님을 믿기만 하면 우리에게 구원을 주세요. 이것은 놀라운 은혜예요. 오늘 예배하며 구원이 하나님의 놀라운 은혜라는 사실을 함께 고백합시다. 오직 믿음으로 구원을 주시는 하나님의 은혜에 감사합시다.

기도

하나님 아버지, 우리의 선행으로 구원에 이를 수 없음을 고백합니다. 예수님을 믿는 믿음으로 우리를 의롭다 인정해 주셔서 감사합니다. 믿음으로 의로움을 얻은 이 은혜를 날마다 찬양하며 살게 도와주시옵소서.

갈라디아서 2 | 진짜 자유는 복음 안에 있어요

주제 말씀 오직 성령의 열매는 사랑과 희락과 화평과 오래 참음과 자비와 양선과 충성과 온유와 절제니 이 같은 것을 금지할 법이 없느니라 갈라디아서 5:22-23
관련 말씀 갈라디아서 4-6장

갈라디아교회는 거짓 교사들 때문에 어려움이 있었어요. 이들은 예수님을 믿는 믿음으로 구원을 얻는 것이 아니라, 많은 종교적인 규칙을 실천해야 구원을 얻는다고 믿었어요. 이런 생각은 일반적인 다른 종교들도 가르치는 내용이었어요. 이들은 신앙생활을 할수록 의무감과 죄책감 때문에 자유가 없었어요. 눈에 보이는 성과와 평가를 생각하면서 신앙생활을 해야 했지요. 공로가 있어야 죽어서도 구원을 받고 많은 것을 누릴 수 있다고 가르칩니다.

그러나 예수님을 믿는 신앙은 다릅니다. 하나님의 법을 몇 가지 지키는 것으로 스스로 만족할 수 없고, 신앙의 법칙을 아무리 지키려 애써도 안 됩니다. 우리의 힘으로 하나님의 말씀을 모두 지킬 수 없고, 우리가 신앙적인 업적을 쌓으려고 아무리 노력해도 하나님이 제시하신 기준에 다다를 수 없습니다. 갈라디아서는 이것을 '율법은 초등교사'라는 말로 표현합니다.

결국 하나님의 법은 우리의 죄를 보게 합니다. 그로 인해 오직 예수님만을 의지하는 길 외에는 구원을 얻을 방법이 전혀 없다는 진리를 알려 주어요. 예수님만 믿고 의지할 때 비로소 성령님을 통해서 하나님의 모든 법을 순종할 수 있는 의지가 생기며, 인격

적인 변화로 이어집니다. 즉 성령의 열매, 사랑과 희락과 화평과 오래 참음과 자비와 양선과 충성과 온유와 절제 같은 우리의 힘으로 얻을 수 없는 큰 변화까지 생깁니다. 이것은 인간적인 힘으로 신앙생활을 할 때 결코 얻을 수 없습니다. 오직 예수님만을 믿고 나의 구주로 고백하며 십자가 은혜에 감사할 때 하나님이 주시는 능력입니다.

적용

복음은 우리를 자유롭게 합니다. 무엇을 지키고 행해야만 의롭게 되는 속박에서 벗어나게 해줍니다. 성령님은 죄인인 우리의 마음에 선한 의지를 주셔서 기쁜 마음으로 말씀에 순종하도록 도와주세요. 오늘 예배하며 우리 안에 성령님의 열매가 있는지 살펴봅시다. 만약 성령님의 열매가 없다면 성령님을 통해 예수님의 공로에 감사하는 마음을 주셔서 말씀에 기쁨으로 순종할 수 있기를 기도합시다.

기도

하나님 아버지, 내 삶에 구원에 대한 감격으로 인한 성령님의 열매가 있는지 돌아봅니다. 내 안에 계신 성령님을 통해 계속해서 성령님의 열매가 맺히도록 도와주시옵소서.

에베소서 1 | 교회는 예수님의 몸이에요

주제 말씀 교회는 그의 몸이니 만물 안에서 만물을 충만하게 하시는 이의 충만함이니라 에베소서 1:23
관련 말씀 에베소서 1~3장

에베소서는 에베소 지역에 있는 교회를 향해 쓴 사도 바울의 편지입니다. 편지를 쓸 당시에 바울은 가택 연금 상태였어요. 이때 '옥중 서신'이라고 하는 에베소서, 골로새서, 빌레몬서, 빌립보서를 썼습니다.

에베소서는 교회란 무엇인지에 관하여 말하고 있습니다. 교회는 하나님의 부르심을 입고 예수님을 나의 주님으로 고백하는 사람들이 모인 곳이에요. 교회는 세상에 있는 어떤 사람들의 모임과 달라요. 세상의 모임들은 사람이 주인입니다. 사람이 시작하고, 사람이 끝을 맺어요.

그러나 교회의 주인은 하나님이십니다. 하나님이 교회를 시작하셨어요. 하나님이 구원받을 자를 예정하셨어요. 하나님의 때에 하나님이 우리를 불러 모으셨어요. 하나님은 우리를 부르실 때 예수님의 십자가 고난과 부활을 믿는 믿음을 주셨어요. 이 믿음 때문에 우리는 하나님의 자녀가 되었어요. 하나님의 자녀들이 모여서 함께 예배하고, 하나님을 찬양하고, 하나님 말씀을 배우고, 배운 말씀을 따라서 살아가는 곳이 교회예요.

에베소서는 교회의 머리가 사람이 아니라 예수님이시라고 말해요. 남자나 여자나, 어린이나 어른이나 모두 예수님의 보혈로 예수님과 연합되어 서로가 결합 된 한 몸이에요. 교회로 모인 우리는 예수님의 가족이에요. 우리는 모두 형제자매예요. 우리는 한 가지 목적을 가지고 있어요. 예수님을 닮아 가고, 예수님까지 자라는 거예요. 예수님처럼 하나님을 예배하고, 예수님처럼 이웃을 사랑하고, 예수님처럼 어려운 이웃을 불쌍히 여기며 하나님 사랑을 증거하는 거예요.

적용

교회는 건물이 아니에요. 하나님을 믿는 사람들이 모이면 교회예요. 그곳은 공원이 될 수도 있고, 집이 될 수도 있어요. 건물은 교회의 성도들이 모이는 장소일 뿐이에요. 어디든지 성도들이 모인 교회는 이 세상 어떤 기관보다 중요해요. 영원한 생명을 주는 말씀이 선포되는 곳이기 때문이에요. 하나님을 아버지로 고백하는 사람은 반드시 교회에 모여 함께 신앙생활을 해야 합니다. 오늘 예배하며 우리에게 교회를 허락하신 하나님께 감사합시다. 주님의 몸 된 교회가 참 생명을 전하고 성도들이 서로 사랑으로 하나 되고 섬길 수 있게 되기를 기도합시다.

 기도

하나님 아버지, 우리를 교회로 불러 주셔서 감사합니다. 우리 모두 예수님의 보혈로 형제자매요, 가족임을 고백합니다. 우리가 서로를 더욱 사랑하고, 하나 되어 하나님의 사랑을 증거할 수 있게 도와주세요.

에베소서 2 | 교회는 하나님의 사랑으로 성장해요

주제 말씀 그가 어떤 사람은 사도로, 어떤 사람은 선지자로, 어떤 사람은 복음 전하는 자로, 어떤 사람은 목사와 교사로 삼으셨으니 이는 성도를 온전하게 하여 봉사의 일을 하게 하며 그리스도의 몸을 세우려 하심이라 에베소서 4:11-12
관련 말씀 에베소서 4-6장

교회는 하나님의 부르심을 입은 자들의 공동체입니다. 공동체는 하나의 몸이에요. 교회의 머리는 예수 그리스도이시며, 몸의 지체는 성도들입니다. 모든 지체는 머리를 중심으로 다 연결되어 있어요. 예수님의 몸인 교회는 성장하고 자랍니다. 이를 위해서 하나님이 은사와 직분을 주셨어요. 교회에는 목사, 장로, 집사 같은 직분을 가진 성도들이 있어요. 또한 주일학교 교사, 찬양대원, 교회를 다양하게 관리하는 은사로 섬기는 이들도 있지요.

은사와 직분은 하나님의 선물이에요. 이 선물은 거저 주신 은혜예요. 우리는 혼자 신앙생활을 하기에는 너무 약해요. 그래서 하나님은 나에게 있는 은사로 다른 성도를 돕고 섬기게 하셨어요. 신앙의 성장은 예수님 안에서 나누는 사랑의 교제를 통해서 이루어져요.

몸으로 비유하자면 손이 잘 할 수 있는 역할이 있고 발이 잘 할 수 있는 역할이 있어요. 아무리 작은 역할도 몸을 이루는 데 너무나 소중합니다. 우리가 몸 된 교회를 섬기도록 주신 은사로 수고할 때 한 몸이 될 수 있어요. 서로서로 신앙으로 돕고, 서로 의지하고, 서로 연합하면서 예수님의 몸인 교회가 성장해요.

교회생활을 하지 않고 신앙은 성장할 수 없어요. 공중 권세를 잡은 악한 존재가 아직도 우리를 유혹하고 믿음에서 멀어지도록 시험하고 있어요. 이 시험에서 이기고 모든 고난을 예수님 안에서 극복할 수 있는 길은 교회 안에서 서로 연합해서 함께 예수님을 닮아 가기에 힘쓰는 거예요. 우리는 교회에서 서로를 보며 불쌍히 여기고, 서로 용서하기를 하나님이 그리스도 안에서 우리를 용서하심같이 해야 해요. 그래야 우리의 신앙이 성장해요.

≋ 적용

나 혼자 예수님을 잘 믿으면 되지, 교회에 갈 필요가 있을까요? 네! 반드시 교회에서 예수님을 영접한 사람들과 함께 신앙생활을 해야 합니다. 모여서 기도하고 예수님을 고백하고 예수님 말씀을 듣다 보면, 예수님 말씀대로 사랑하고 순종하는 마음이 자연스럽게 생겨요. 물론 갈등도 있어요. 하지만 이것은 모두 우리의 연약함을 깨닫고 예수님을 닮아 가는 과정이에요. 오늘 예배하며 우리에게 성도들과 만날 수 있는 교회를 허락하신 하나님께 감사합시다. 그리고 교회에 아프거나 고통 중에 있는 성도가 있다면 함께 기도합시다.

기도

하나님 아버지, 예수님을 주님으로 고백하는 형제자매를 만나 한 몸이 되게 해주셔서 감사합니다. 우리가 서로의 연약함을 불쌍히 여기며 예수님 안에서 서로 사랑할 수 있게 도와주세요.

빌립보서 1 | 예수님을 사랑하면 고난은 힘들지 않아요

주제 말씀 이는 내게 사는 것이 그리스도니 죽는 것도 유익함이라 빌립보서 1:21
관련 말씀 빌립보서 1-2장

  빌립보서는 빌립보 지역에 있는 교회를 향해 쓴 사도 바울의 편지예요. 편지를 쓸 당시에 바울은 로마에 가택 연금된 상태였어요. 이 편지를 쓴 중요한 이유 중 하나는 지도자 바울을 걱정하는 성도들이 있다는 소식을 들었기 때문이에요.

  사도 바울은 같은 민족인 유대인들에게 복음을 증거하기 위해서 예루살렘으로 갔어요. 그러나 유대인들은 바울을 너무나 싫어했어요. 유대교에서 기독교로 개종했기 때문이에요. 결국 그곳에서 큰 소동이 벌어졌지요. 그들은 변절자 바울이 너무 싫어서 죽이려고 했지만, 바울은 로마 시민권을 가지고 있어서 재판을 받기 위해 로마로 이송되었어요. 그리고 바울은 어떤 집에 갇힌 채 지내야만 했어요.

  이 소식은 빌립보 성도들에게 매우 큰 걱정거리가 되었어요. 지도자 바울이 너무나 큰 고난을 받고 있었고, 재판 결과에 따라서 죽게 될 수도 있었거든요. 성도들은 불안했어요. 예수님을 믿으면 잘 살고 많은 복을 받아야 하는데, 오히려 고통을 당하니 불안했던 거예요. 그러나 사도 바울은 자신의 상황을 비관하지 않고 기뻐했어요. 어떻게 불안한 환경에서 기뻐하며 감사를 고백할 수 있었을까요?

바울에게 있어서 그가 사는 이유는 자신이 복을 받고 잘되기 위해서가 아니었어요. 예수님이 나를 사랑하시고 나를 위해서 목숨까지 주셨기 때문에 이 땅에서 사는 삶은 예수님의 은혜를 갚는 과정일 뿐이었어요. 혹시 로마에서 재판을 받아 죽는 일이 벌어지더라도, 예수님을 전하는 일에 큰 도움이 되기에 바울에게는 오히려 기쁜 일이었어요. 바울은 예수님을 너무나 사랑했기에 예수님을 위해서 모든 것을 바칠 수 있었어요.

〰️ 적용

이 땅에서 우리는 무엇을 위해서 살아가나요? 나 자신을 위해서 살아가나요? 아니면 예수님을 위해서 살아가나요? 많은 사람은 자신이 이루고 싶은 일을 위해서 살아가요. 그러나 예수님을 정말로 사랑하는 사람을 예수님을 위해서 살아가지요. 예수님이 정말 좋으면 어렵고 힘들 일도 기쁘게 감당할 수 있어요. 오늘 예배하며 우리가 가장 중요하게 생각하는 것이 무엇인지 생각해 봅시다. 나에게 가장 중요한 분이 예수님이 되실 수 있도록 함께 기도해요.

기도

하나님 아버지, 우리를 위해서 예수님을 보내 주시고 화목 제물로 삼아 주셔서 감사합니다. 우리를 위한 예수님의 사랑을 항상 기억하며, 예수님을 가장 중요하게 여기며 사는 삶이 되게 도와주세요.

빌립보서 2 | 우리는 하늘 시민권자예요

주제 말씀 그러나 우리의 시민권은 하늘에 있는지라 거기로부터 구원하는 자 곧 주 예수 그리스도를 기다리노니 그는 만물을 자기에게 복종하게 하실 수 있는 자의 역사로 우리의 낮은 몸을 자기 영광의 몸의 형체와 같이 변하게 하시리라 빌립보서 3:20-21
관련 말씀 빌립보서 3-4장

빌립보교회에는 몇 가지 어려움이 있었습니다. 교회 안에 크고 작은 갈등과 유대교에서 들어온 거짓 교사의 잘못된 가르침, 그리고 지도자 바울의 투옥 소식으로 인한 불안이었어요. 이 당시 대부분의 초대 교회들에는 비슷한 어려움이 있었어요. 이단들의 공격 대상이기도 했지요. 사도들은 핍박에 시달렸고 교회 내부에는 갈등이 있었어요.

사도 바울은 이 모든 어려운 문제를 로마에서 가택 연금된 상태로 듣고 있었어요. 직접 가지 못하는 상황이어서 더욱 걱정되었을 수 있어요. 그러나 사도 바울은 한 가지 중요한 사실로 위로와 소망을 전했습니다. 그것은 바로, '우리는 누구에게 속한 백성인가?'라는 사실이었어요. 우리는 이 땅에 살지만, 우리의 시민권은 하늘에 있어요. 우리는 하나님의 백성이에요.

사도 바울은 원래 유대인으로서 로마 시민권을 가지고 있었어요. 이 당시에 로마 시민권자는 로마 제국에 속한 식민지 중 어떤 도시에서든 함부로 구금되거나 괴롭힘당하지 않았어요. 어디에서든지 세계 최강 로마 군인들의 보호를 받을 수 있었지요.

그러나 사도 바울은 이런 로마 시민권과 비교할 수 없는 강력한 시민권을 성도들이 가졌다고 말했습니다. 하나님 나라에 속한 시민권자라는 사실을 말한 거예요. 이제는 로마 황제가 아니라, 천지를 창조하신 아버지가 우리를 호위하시고 지켜 주시기 때문이지요. 하나님은 지금 어떤 일을 당하더라고 지켜보시며, 기도하는 모든 간구를 들으시고, 하늘 능력으로 우리를 도와주세요. 이 시민권은 만료 기간이 없는 영원한 권세예요.

≋ 적용

지금 세계에서 가장 힘이 센 나라는 미국이에요. 미국 시민권을 가진 사람은 세계 어디를 가든지 미국 군대의 보호를 받아요. 미국 시민권보다 더 좋은 시민권이 있어요. 그것은 하나님 나라 시민권이에요. 우리는 예수님을 믿는 믿음으로 하나님 나라 백성이 되었어요. 오늘 예배하며 하늘 시민권을 주신 하나님께 감사합시다. 또한 위기와 어려움 가운데 하나님께 도우심을 구합시다. 하나님 나라 백성은 하나님이 반드시 도와주십니다.

기도

하나님 아버지, 우리에게 하나님 나라 시민권을 주셔서 감사합니다. 이 시민권을 가진 우리가 위기와 어려움 속에서 하나님을 찾으며, 하나님께 간구할 때 도와주시고 보호해 주세요.

골로새서 1 | 예수님은 성자 하나님이세요

주제 말씀 만물이 그에게서 창조되되 하늘과 땅에서 보이는 것들과 보이지 않는 것들과 혹은 왕권들이나 주권들이나 통치자들이나 권세들이나 만물이 다 그로 말미암고 그를 위하여 창조되었고 또한 그가 만물보다 먼저 계시고 만물이 그 안에 함께 섰느니라 골로새서 1:16-17
관련 말씀 골로새서 1-2장

    골로새서는 골로새 지역에 있는 교회를 향해 쓴 사도 바울의 편지입니다. 골로새 지역은 교통의 요충지로 사람들의 왕래가 잦았으며, 다양한 종교와 문화가 있었어요. 당시 처음으로 교회에 온 사람들은 신앙이 미숙했어요. 이전에 믿던 종교나 철학으로 성경을 보면서 오해하기도 했지요. 그중에 하나가 '예수님은 하나님이 아니라 인간일 뿐이다'라는 것이었어요.

    골로새서는 예수님이 하나님이시라는 사실을 말하고 있어요. 예수님이 하나님이신지, 사람이신지 이해하기 어려울 때가 있어요. 간단하게 말하면 예수님은 참 하나님이시며, 참 사람이세요. 그리고 예수님의 신성과 인성은 나누어지지 않고 하나로 연합되어 있어요. 교회 역사에서도 주후 451년 칼케돈 회의 때 예수님의 사람 되심과 하나님 되심을 정리했어요.

    골로새서는 예수님이 성자 하나님이시라는 사실을 1장에서 자세히 설명해요. 예수님은 모든 창조물보다 이전에 계셨어요. 성부 하나님과 함께 세상을 창조하셨어요. 지금도 예수님은 하나님 우편에 앉으셔서 온 우주 만물을 붙들고 계실 뿐만 아니라, 전능하신 왕으로서 우리를 사랑으로 다스리고 계세요. 예수님은 지금도 우리와 함께하시고, 우리를 지켜보시며, 우리를 위해서 하나님께 간구하고 계세요.

예수님은 하나님이시기 때문에 사망 권세를 이기시고 부활하실 수 있었어요. 예수님은 전능하신 하나님의 권세로 믿는 자를 악한 사탄 마귀에게서 보호하실 수 있어요.

적용

예수님은 성자 하나님이세요. 성부 하나님이 세우신 구원 계획을 몸으로 실행하신 분이에요. 예수님은 하나님이시기 때문에 부활하셔서 지금도 만물을 통치하는 능력으로 우리를 보호하시고 우리에게 힘과 능력을 주실 수 있어요. 오늘 예배하며 하나님이신 예수님이 나를 위해서 이 땅에 오신 사실을 감사합시다. 무한한 권능으로 우리를 보호해 주시고 인도해 달라고 기도해요.

기도

하나님 아버지, 하늘 영광 가운데 계셨던 성자 하나님이신 예수님을 이 땅에 보내 주셔서 감사합니다. 우리 마음에 계신 예수님을 날마다 의지할 때 우리를 사랑과 긍휼로 통치해 주시고 은혜와 복을 허락해 주세요.

골로새서 2 | 예수님을 믿는 사람은 새사람이에요

주제 말씀 새사람을 입었으니 이는 자기를 창조하신 이의 형상을 따라 지식에까지 새롭게 하심을 입은 자니라 골로새서 3:10
관련 말씀 골로새서 3-4장

골로새서는 예수님을 믿는 사람을 '새사람'이라고 말해요. 새사람은 예전과 다른 사람이에요. 새로운 신분으로 새로운 사람이 되었다는 뜻입니다. 예수님을 믿기만 했는데 어떻게 새로운 사람이 될 수 있을까요?

예수님을 믿으면 신분이 바뀌어요. 하나님의 자녀가 됩니다. 우리는 원래 원죄를 가지고 태어나서 자신의 죄성을 따라서 살던 사람이었어요. 죄성은 나쁜 생각과 행동뿐만 아니라 마음까지도 포함하고 있어요. 마음으로 누군가를 미워하고 싫어해도 죄입니다. 이러한 사람은 아무리 착한 일을 많이 해도 하나님께 이를 수 없어요.

골로새교회에서 잘못된 가르침을 전하던 사람들은 할례를 받으면 된다고 말했어요. 몸에 흔적을 내고, 신앙적인 규칙들을 조금 지키면 구원을 얻는다고 했지요. 그러나 그것으로는 나의 모든 죄를 해결할 수 없어요. 우리가 예수님을 믿을 때 하나님은 그 믿음만을 보시고, 이제는 죄의 종이 아니라 하나님의 자녀라고 말씀해 주세요. 그뿐만 아니라 영원한 생명을 주십니다. 이 땅에서 죽더라도 영혼은 그 즉시로 하나님께 가고, 육체는 예수님의 재림 때 부활하는 은혜를 누리게 되어요. 이렇게 새로운 사람이 되면 이

땅에서 살아갈 때 죄를 싫어하게 되고, 의를 사모하게 되어요. 의는 하나님 말씀을 따라서 거룩하게 살고 싶은 의지를 말해요.

이러한 변화는 가까운 사람들에게 드러나기 시작합니다. 골로새서는 새사람이 된 증거로 부부가 서로를 더욱 존중하게 되고, 부모가 자녀를 더욱 소중하게 여기게 되고, 상사가 직장에서 아랫사람을 함부로 대하지 않게 된다고 말해요. 새사람은 이처럼 변화된 모습으로 복되게 살아가요.

적용

예수님을 영접한 새사람에게는 변화가 생겨요. 가족과 이웃을 더욱 소중하게 생각하는 마음이 생깁니다. 예배할수록 하나님 사랑을 더 알게 되어 그 사랑을 전하고 싶어지고, 하나님께 기도하고 싶어져요. 거룩하신 하나님의 성품을 닮고 싶은 마음이 생깁니다. 이것이 새사람의 증거예요. 오늘 예배하며 예수님을 믿는 새사람이 되었다는 사실에 감사합시다. 새사람으로서 가족과 이웃을 존중하고 더욱 사랑하면서 살기 위해 기도합시다.

기도

하나님 아버지, 우리를 새로운 사람으로 변화시켜 주셔서 감사합니다. 새사람으로 거룩을 사모하며 하나님을 더욱 의지할 수 있게 도와주세요.

데살로니가전서 1 | 믿음의 공동체는 위로의 통로예요

주제 말씀 이러므로 형제들아 우리가 모든 궁핍과 환난 가운데서 너희 믿음으로 말미암아 너희에게 위로를 받았노라 데살로니가전서 3:7
관련 말씀 데살로니가전서 1-3장

데살로니가전서는 데살로니가 지역에 있는 교회를 향해 쓴 사도 바울의 편지예요. 이 편지는 '감사의 편지'라고 불릴 만큼 성도에 대한 감사와 격려가 넘치는 말씀이에요.

사도 바울이 성도들을 향해 감사한 이유는 그들이 큰 환란과 핍박 가운데서도 굳건하게 믿음을 지켰기 때문이에요. 이 당시에 데살로니가 지역에 살던 많은 유대인이 교회를 핍박했어요. 그뿐만 아니라 로마 제국도 예수님을 믿는 사람들을 싫어해 박해했어요.

이런 환란과 핍박 때문에 사도 바울도 성도들을 위해서 잠시 떠날 수밖에 없을 정도였어요. 매우 힘든 환경이었지만, 데살로니가 성도들은 오히려 믿음을 굳게 지켰어요. 큰 손해와 불이익을 감수하면서, 다른 지역에 있는 성도들에게도 믿음의 본보기가 될 정도로 흔들리지 않는 신앙을 가졌어요.

특히 데살로니가교회에는 이방인 개종자들이 많았는데, 그들은 이전에 섬기던 우상을 버리고 예수님을 열심히 믿었어요. 신앙을 지키기 위해서 목숨의 위협까지 받아도, 나를 위해서 고난받으신 예수님을 생각하면서 견디며 기도했어요. 예수 그리스도의 재림을 기다리는 마음으로 끝까지 견디며 인내하는 믿음도 있었어요.

사도 바울은 데살로니가 성도들을 생각하며 기도할 때마다 하나님께 감사했을 뿐만 아니라 이들이 자신의 영광이며 기쁨이라고 고백했어요.

하나님이 우리를 예수님의 몸 된 지체로 부르신 이유 중의 하나는 서로를 통해서 위로와 격려와 힘을 얻게 하시기 위해서예요. 내가 힘들 때, 나보다 더 힘들게 살지만 부족한 가운데서도 감사를 고백하고, 하나님 사랑으로 섬기고 나누는 성도의 모습을 보면 힘이 생기곤 하지요. 서로가 하나의 몸이기 때문이에요.

적용

하나님이 우리를 부르신 이유는 서로를 통해 굳건한 믿음을 세워주시기 위해서예요. 그래서 하나님이 우리를 교회로 부르셨고, 믿음의 가정을 허락하셨어요. 나 홀로 신앙생활을 하기란 어려워요. 힘들어도 믿음을 지키고 감사하는 마음과 자족하는 태도로 살아갈 때 우리는 서로에게 격려와 위로와 힘이 될 수 있어요. 이렇게 우리는 예수님의 몸으로 서로 세워지고, 서로를 통해서 신앙이 자라게 됩니다. 오늘 예배하며 우리에게 교회와 가정을 허락하신 하나님께 감사합시다. 우리가 고난 중에도 믿음을 지킬 수 있도록 기도합시다.

기도

하나님 아버지, 이 땅에서 믿음으로 사는 일이 쉽지 않지만, 이웃을 허락하셔서 서로 위로받고, 서로 격려하게 해주셔서 감사합니다. 우리가 서로의 믿음을 격려하고, 서로에게 힘이 될 수 있게 도와주세요.

데살로니가전서 2 | 시간은 하나님 손에 있어요

주제 말씀 우리가 예수께서 죽으셨다가 다시 살아나심을 믿을진대 이와 같이 예수 안에서 자는 자들도 하나님이 그와 함께 데리고 오시리라 데살로니가전서 4:14
관련 말씀 데살로니가전서 4-5장

데살로니가교회는 환란 중에도 믿음을 잘 지켰어요. 사도 바울은 이런 모습에 많은 칭찬과 격려를 아끼지 않았어요. 그런데 안타깝게도, 한 가지 신앙적인 혼란이 있었어요. 그것은 종말에 관한 문제였어요. 이 문제는 당시 유대 땅에 임한 큰 가뭄과 점점 심해지는 로마 제국의 기독교 박해 때문에 더 심각해졌습니다. 데살로니가 성도들은 종말이 가까이 왔다고 생각했어요. 종말의 때가 언제일지, 그리고 성도도 과연 부활하게 될지에 대해서 의심이 들었어요.

이런 이유로 데살로니가전서는 종말의 때에 대해서 말하고 있어요. 그때는 오직 하나님만 아세요. 그날은 도둑같이 갑작스럽게 와요. 종말의 때가 되면 모든 육체가 부활해요. 그때 예수님을 믿고 하나님의 자녀인 사람은 영원한 복을 누리게 되고, 예수님을 믿지 않은 사람은 영원한 저주를 받게 돼요.

종말의 때는 예수님을 믿는 우리에게 영원한 기쁨과 위로와 복락을 안겨 주어요. 하나님의 영광에 참여하게 되지요. 그래서 그리스도인은 이 땅에 사는 동안 종말에 대해서 전혀 걱정하지 않아도 돼요. 그날이 언제일지 고민할 필요도 없어요. 우리의 구원은 너무나 분명한 사실이기 때문이에요.

데살로니가전서는 종말에 관심을 두기보다는 지금 있는 자리에서 최선을 다해 주어진 사명에 성실하라고 말해요. 그것은 우리에게 맡겨진 일에 감사함으로 열심을 다하는 거예요. 또한 믿음과 사랑으로 무장하고, 구원의 소망으로 투구를 쓰라고 말해요. 고난 중에 있더라도 두려워하지 말고, 서로를 격려하고 더욱 열심히 섬기라고 이야기해요.

〰️ 적용

하나님은 시간도 창조하셨어요. 시간의 시작과 끝은 하나님의 계획 안에 있어요. 시간의 끝을 '종말'이라고 해요. 예수님의 재림으로 종말이 와요. 종말은 예수님을 믿는 사람들에게 무섭거나 두렵지 않아요. 너무나 기쁘고 영광스러운 시간이지요. 더 이상 어떤 고난이나 고통이나 눈물이 없는 때예요. 썩지 않을 영광의 몸으로 변화되어서 영원히 하나님을 예배하고 찬양하며 기쁨 가운데 살게 됩니다. 오늘 예배하며 종말의 때를 소망해 보아요. 마지막 때에 우리 가족 모두가 부활한 몸으로 슬픔과 고통 없이 영원히 하나님과 함께 사는 날을 기대하는 마음을 달라고 기도해요.

기도

하나님 아버지, 종말의 때에 모든 고난과 핍박과 환란이 끝나고 기쁨과 평안 가운데서 영원토록 즐거워할 날을 허락하심에 감사합니다. 그날을 소망하며 이 땅에서의 고난을 이겨 낼 수 있게 도와주세요.

데살로니가후서 1 | 종말은 기쁜 날이에요

주제 말씀 하나님을 모르는 자들과 우리 주 예수의 복음에 복종하지 않는 자들에게 형벌을 내리시리니 이런 자들은 주의 얼굴과 그의 힘의 영광을 떠나 영원한 멸망의 형벌을 받으리로다 데살로니가후서 1:8-9
관련 말씀 데살로니가후서 1-3장

데살로니가후서는 데살로니가전서를 보낸 후에 해결되지 않은 문제를 위해 다시 보낸 사도 바울의 편지예요. 바울이 데살로니가전서에서 종말에 관한 가르침을 기록해 보냈지만, 받아들이지 못하는 사람들이 남아 있었어요. 데살로니가후서는 다시 한번 종말에 대해 말해요.

하나님은 시간의 시작과 끝을 주관하십니다. 하나님은 이 땅에서 예수님을 구세주로 영접한 자에게 영원한 복락을 주시고, 예수님을 믿지 않는 자에게는 영원한 형벌을 주십니다.

하나님은 사랑과 긍휼이 풍성하신 분인데, 어떻게 인간을 심판하시고 영원한 형벌을 주실 수 있는지 궁금해하는 사람들도 있어요. 하나님은 사랑의 하나님이시면서, 동시에 공의의 하나님이세요. 만약 하나님이 죄에 대해서 어떤 조치도 취하지 않으시고 눈을 감아 버리신다면 하나님은 공의로우신 분이 될 수 없어요.

하나님은 무한하게 거룩하셔서 어떤 작은 죄와도 함께하실 수 없어요. 하나님은 공의로우시기 때문에 죄를 향해서 무한한 공의를 드러내십니다. 모든 사람은 죄를 가지고 있기 때문에 어느 누구도 하나님의 심판을 피할 수 없어요. 그래서 지옥은 있을 수밖에 없어요. 종말의 때에 불의한 자까지 천국에 간다면 하나님은 공의로우신 분이 될 수 없겠지요.

종말의 때는 하나님의 공의가 완전하게 드러나는 때입니다. 하나님은 하나님의 무한한 사랑에 응답하는 자에게는 영원한 생명으로, 하나님의 무한한 사랑을 거부하는 자에게는 영원한 형벌로 답을 하세요.

≋ 적용

하나님은 최고의 선이십니다. 하나님이 선과 악의 기준이세요. 하나님이 세우신 법을 어기는 모든 것이 불법이며, 이것은 하나님의 진노를 자초한 것으로 심판받아 마땅한 죄입니다. 하나님은 불법을 행하는 자를 오랫동안 참으시지만, 영원히 기다리지 않으세요. 하나님은 예수님을 믿는 자에게 영원한 상을 주시며, 예수님을 믿지 않는 자에게는 영원한 벌을 주십니다. 오늘 예배하며 우리에게 심판의 때에 영원한 생명과 복을 허락하실 하나님께 감사해요. 또한 아직도 예수님의 십자가 공로를 믿지 않는 사람들을 위해서 기도해요.

기도

하나님 아버지, 우리에게 예수님을 믿는 믿음을 선물로 주셔서 감사해요. 아직도 예수님을 믿지 않는 이들을 위해서 기도합니다. 속히 예수님을 믿고 하나님의 사랑을 받아들이게 도와주세요.

디모데전서 1 | 교회를 세우기 위해 직분을 주셨어요

주제 말씀 나를 능하게 하신 그리스도 예수 우리 주께 내가 감사함은 나를 충성되이 여겨 내게 직분을 맡기심이니 디모데전서 1:12
관련 말씀 디모데전서 1-3장

    디모데전서는 사도 바울이 제자 디모데에게 쓴 편지예요. 디모데는 에베소교회에서 바울의 뒤를 이어 지도자로 사역을 하고 있었어요. 젊은 지도자 디모데는 바울보다 교회를 섬긴 경험이 많지 않았기 때문에 사도 바울의 도움이 필요했어요. 디모데전서는 지도자의 직분을 맡은 디모데가 해야 할 사역에 대해서 말해 주고 있어요.

    교회에는 여러 직분을 맡은 이들이 있어요. 목사, 장로, 집사 등이 있어요. 왜 직분이 필요할까요? 누가 제일 높은 사람일까요? 교회에서 제일 높으신 분은 예수님이세요. 예수님이 교회의 머리세요. 머리를 중심으로 모든 성도가 몸의 지체로서 연결되어 있어요. 교회는 한 몸으로 성장해 갑니다. 교회는 예수님의 말씀을 잘 따르고 성도들이 사랑 가운데 서로를 섬기면서 성장해요.

    이처럼 교회의 성장을 위해서 하나님이 교회 안에 직분을 주셨어요. 목사는 하나님의 말씀을 가르치고 성도와 교회를 위해 기도하는 직분이에요. 장로는 교회를 잘 다스리고 감독하는 역할을 하는 직분이지요. 집사는 가난한 이들을 구제하고 봉사의 일을 맡아서 하는 직분이에요.

    교회는 어떤 한 사람이 주인이 되어서 운영하는 곳이 아니에요.

몸의 지체 중에서 손이나 다리가 중요하다고 스스로 몸의 주인 노릇을 할 수는 없는 것과 같아요. 모두가 예수님이 주신 직분을 따라 섬기면서 자라는 거예요. 교회가 건강하게 성장하고, 교회에서 하나님 말씀을 잘 배우고 믿음이 자라게 하기 위해서 직분 맡은 이들이 수고하는 것입니다. 그래서 성도들은 직분을 맡은 자들을 존경해야 하고 신앙적인 가르침에 순종하고 잘 따라야 해요.

≋ 적용

우리는 예수님 안에서 모두 연합되어 있어요. 교회는 예수님을 주인으로 모시는 연합된 지체예요. 예수님은 교회에 직분을 주셔서 서로 맡은 역할을 통해 서로를 위해 기도하고 섬기고 가르치게 하셨어요. 우리의 신앙은 직분 맡은 이들과 교제를 통해서, 말씀의 가르침을 받으며, 또 사랑의 수고를 통해서 자라요. 오늘 예배하며 교회에서 직분 맡은 이들을 위해 기도해요. 교회를 위해서 수고할 때 하나님이 그들에게 힘과 능력을 더해 주시도록 기도합시다.

기도

하나님 아버지, 교회에 직분을 맡은 분들을 보내 주셔서 감사합니다. 모든 직분자에게 힘과 능력을 주셔서 교회를 섬기기에 부족함이 없게 도와주세요.

디모데전서 2 | 기도와 말씀으로 영적 근력을 키워요

주제 말씀 육체의 연단은 약간의 유익이 있으나 경건은 범사에 유익하니 금생과 내생에 약속이 있느니라 디모데전서 4:8
관련 말씀 디모데전서 4-5장

 디모데전서는 에베소교회를 섬기기 위해 부르심을 받은 디모데를 향한 사도 바울의 편지예요. 디모데는 젊은 나이에 지도자가 되어 교회의 어려움을 해결하기에 어려움이 있었어요. 사도 바울은 아들처럼 아끼고 사랑하는 디모데를 위해 이 편지를 보냈어요. 교회를 잘 섬기기 위해서 어른과 젊은이, 여성과 자녀들을 위한 상세한 가르침을 알려 주었습니다. 그중에서 중요하게 이야기한 부분은 디모데의 개인적인 경건이었어요.

 사도 바울은 경건의 훈련을 강조하면서 육체의 훈련과 비교하며 설명했어요. 이 당시에 운동 경기가 많아서 육체를 단련하기 위한 시설들이 있었어요. 사람들은 근력을 키우고 빠르게 달리기 위해 힘들고 고통스럽지만, 열심히 훈련했어요. 나중에 경기에서 이기고 상을 받기 위해서 노력했지요. 이런 훈련은 자기 몸을 위해서 좋은 일이에요.

 경건의 훈련은 기도와 말씀과 실천이에요. 부지런히 하나님 말씀을 읽고 잘 기억하면서 그 말씀대로 살기 위해서 노력하는 거예요. 정직하며 인내하고 순결하게 행동하는 것이지요. 매일 기도하며 하나님 앞에서 나를 돌아보고, 부족한 모습을 고백하고, 주어진 환경에 대해 감사로 하나님께 아뢰는 거예요. 어려운 일이 있을 때마다 먼저 하나님께 간구하며, 주변에 어렵고 힘든 성도와 이웃을 하나님의 마음으로 긍휼히 여기며 돕는 것입니다. 이런 경건의 훈련은 육체의 훈련보다 훨씬 더 큰 유익이 있어요. 이 땅에서뿐만 아니라 하나님 앞에 가서도 유익이 있어요.

적용

우리가 이 땅에서 잘 살기 위해서 훈련해야 할 것이 많습니다. 몸도 건강해야 하고, 지식도 많아야 합니다. 그중에서 가장 중요한 훈련은 하나님과 함께하는 훈련입니다. 기도로 하나님이 하신 선한 일을 고백하고, 말씀을 따라 하나님이 기뻐하시는 삶을 사는 훈련입니다. 오늘 예배하며 경건의 훈련에 함께 힘쓰기를 노력합시다. 언제 기도하고, 어떻게 말씀을 읽을지 나누어 봅시다. 읽고 배운 말씀을 어떻게 실천할지 이야기해 봅시다.

기도

하나님 아버지, 예수 그리스도 안에서 지체로 불러 주셔서 감사합니다. 우리가 서로 선한 영향력을 끼치며 주 안에서 성장하기를 원합니다. 이를 위해서 더욱 경건에 힘쓰며 하나님 앞에서 말씀대로 살아갈 수 있도록 도와주시옵소서.

디모데후서 1 | 인생의 목적은 하나님의 영광이에요

주제 말씀 너는 진리의 말씀을 옳게 분별하며 부끄러울 것이 없는 일꾼으로 인정된
자로 자신을 하나님 앞에 드리기를 힘쓰라 디모데후서 2:15
관련 말씀 디모데후서 1~4장

    디모데후서는 디모데전서와 이어지는 말씀이에요. 사도 바울은 디모데전서를 쓴 후에 전도 활동을 하다가 다시 투옥되었어요. 이제 사도 바울도 나이가 많이 들었고 죽음이 얼마 남지 않은 상황이었어요. 디모데후서는 사도 바울의 편지 중에서 가장 마지막에 기록되었습니다. 바울은 인생의 마지막을 생각하면서 아들과 같은 디모데에게 편지를 썼습니다.

    사도 바울은 디모데에게 인생을 살면서 가장 중요한 것이 무엇인지에 관해서 말해 주었어요. 그중에 하나는 우리 자신을 하나님 앞에 드리는 것입니다.

    하나님 앞에 드리는 인생은 공부를 하지 않거나 직장을 가지지 않고 교회 일만 하는 것이 아니에요. 교회 일과 직장 일과 공부 모두 하나님 앞에서 똑같이 귀한 일이에요. 우리가 있는 자리가 하나님의 부르신 자리예요. 집에서 가족을 위해 종일 집안일을 하는 것도 중요한 하나님의 부르심이에요. 하나님 앞에서 천하고 귀한 일은 없어요. 하나님의 부르심 앞에서 하나님의 영광을 위해 일할 때 우리 자신을 하나님 앞에 드릴 수 있어요.

    그래서 우리는 어떤 일이든지 하나님이 맡기셨음을 믿고 성실하고 정직하게 최선을 다해야 해요. 주변 사람들에게 하나님의 사

랑을 드러내고, 성실하고 정직하게 살며, 힘들고 어려운 사람을 돌아보는 거예요. 일의 시작과 끝을 하나님께 맡기고 기도하며, 말씀으로 시작하고, 말씀 가운데서 오늘 하루를 다 맡겨 드리는 삶을 살아야 해요.

구약 성경에 나오는 다니엘은 바벨론 제국에서 고위 관료로 일을 하다가 모함으로 죽음의 위기를 만났으나, 매일 했던 하루 세 번 감사 기도를 계속 올리며 하나님을 바라보았어요. 다니엘이 섬긴 이방인 왕들조차 다니엘을 통해서 하나님을 바라보게 되었지요. 이런 삶이 바로 하나님 앞에 우리 자신을 드리는 삶이에요.

적용

우리 인생의 목적은 하나님을 영화롭게 하는 것입니다. 하나님의 형상으로 지으심을 받은 우리가 각자 처한 자리를 부르심으로 알아 그곳에서 하나님의 아름다우심과 선하심을 드러낼 때 하나님은 영광을 받으세요. 이것이 우리 자신을 하나님 앞에 드리는 거예요. 오늘 예배하며 우리가 맡은 일에 감사하며 최선을 다하기로 다짐해 보아요. 우리가 처한 자리가 어디든지 우리를 통해서 하나님 나라가 이루어지길 기도해요.

기도

하나님 아버지, 우리의 삶이 하나님께 드려지는 인생이 되기를 원합니다. 어떤 환경이든지 하나님이 주셨음을 믿고, 하나님의 선하심을 드러내며 감사와 성실로 하나님 앞에 나 자신을 드리는 인생이 될 수 있게 도와주세요.

디도서 1 | 교회를 건강하게 세워요

주제 말씀 그가 우리를 대신하여 자신을 주심은 모든 불법에서 우리를 속량하시고 우리를 깨끗하게 하사 선한 일을 열심히 하는 자기 백성이 되게 하려 하심이라 디도서 2:14
관련 말씀 디도서 1-3장

   디도서는 사도 바울이 제자 디도에게 쓴 편지입니다. 디도는 사도 바울의 후임 지도자로 그레데교회에서 사역했어요. 그레데 지역은 다양한 민족들의 왕래가 잦은 도시였어요. 처음 교회로 모인 성도들이 하나님 말씀을 배우고 바르게 신앙생활을 하기 위해서는 디도가 할 일이 많았어요. 디도서는 교회를 어떻게 복음으로 바르게 세울지에 대한 말씀이에요.

   교회는 어떻게 건강하게 세워질까요? 우리가 구원받은 백성답게 살면 돼요. 구원받은 백성에게는 한 가지 중요한 변화가 있어요. 하나님 말씀대로 살고 싶은 마음이 생깁니다. 하나님의 사랑이 얼마나 크고 놀라운지 알게 되면 하나님이 우리에게 주신 말씀이 얼마나 소중한지도 알게 돼요. 그래서 그 말씀대로 열심히 살고 싶어지는 거예요.

   이런 마음이 생기는 이유는 하나님의 아들 예수님이 우리를 위해 이 땅에 오셔서 우리를 대신해 모든 불의와 죄에 대한 대가를 치르셨기 때문이에요. 그 결과로 우리에게는 죄를 짓고 싶은 마음보다 선한 일에 관심이 생기는 것이지요. 예수님을 믿는 성도들은 함께 모여서 예배하기를 기뻐하고, 하나님의 사랑으로 서로 사랑하고 존중하며, 십계명의 말씀대로 살기를 즐거워해요.

그래서 디도서는 구원받은 백성이 실제로 가정에서, 직장에서, 사회에서 어떻게 구원받은 백성답게 살아가는지에 대해서 자세히 말해 주어요. 세상의 질서를 잘 따르고, 가정을 소중히 여기고, 어려운 형편에 처한 사람을 잘 돌보는 삶을 살아야 한다고 이야기하지요. 이런 말씀을 실천하는 데 있어서 가장 모범이 되는 사람이 교회를 더 잘 섬길 수 있어요. 건강한 교회는 구원받은 백성답게 하나님 말씀대로 살기를 기뻐할 때 세워져 가요.

적용

교회는 구원받은 백성답게 살아갈 때 건강하게 세워져요. 구원받은 하나님의 백성은 하나님 나라 법에 따르기를 기뻐해요. 오늘 예배하며 하나님이 교회에 주신 말씀대로 살기에 힘쓰는 우리가 되기를 기도해요. 특히 가족 모두 서로 더욱 사랑하고 인내하고 용납하며 살기로 다짐해요.

기도

하나님 아버지, 우리가 구원받은 백성답게 살도록 도와주세요. 죄의 유혹을 뿌리치고, 하나님 말씀대로 선한 일에 힘쓰게 해주세요.

빌레몬서 1 | 예수님 사랑은 모든 갈등을 해결해요

주제 말씀 이로써 네 믿음의 교제가 우리 가운데 있는 선을 알게 하고 그리스도께 이르도록 역사하느니라 빌레몬서 1:6
관련 말씀 빌레몬서 1장

　빌레몬서는 사도 바울이 골로새교회의 성도인 빌레몬에게 보낸 편지예요. 빌레몬은 복음을 위해 수고하는 사람이었어요. 자기 집을 예배 장소로 내어줄 정도로 헌신했고, 많은 사람에게 선을 행하며 칭찬받는 사람이었지요. 충성스러운 성도였던 빌레몬에게는 한 가지 어려움이 있었습니다. 그의 집에서 일하던 종 오네시모가 재산을 훔쳐서 도망가는 일이 생긴 거예요.

　다행히 오네시모는 사도 바울을 만나 회심했고 그리스도인으로 거듭났어요. 사도 바울을 도울 만큼 열심을 가졌고 동역자로 성장했습니다. 이제 오네시모에게는 어려운 숙제가 남았어요. 주인에게 지은 죄를 해결해야 했지요. 오네시모가 비록 예수님의 사랑으로 모든 죄를 용서받았어도, 피해를 준 사람에게 직접 용서를 구해야 했어요.

　사도 바울은 이 문제를 해결하기 위해서 빌레몬서를 썼어요. 이 당시에 주인에게서 도망친 종의 벌은 컸어요. 사형 선고를 받을 수 있었어요. 또한 어느 누구도 주인의 허락 없이는 종을 데리고 있거나 함께할 수 없었어요. 사도 바울은 빌레몬에게 오네시모에 대한 선처를 구했어요. 오네시모의 큰 죄를 용서해 주기를 구하고, 재산에 대한 피해에 대해서는 자신이 모두 갚겠다고 했어요.

예수님은 우리를 위해서 대신 벌을 받으셨어요. 우리를 사랑하시기 때문이에요. 사도 바울은 그 사랑을 실천한 거예요. 바울의 잘못이 아닌데도, 종을 위해서 대신 용서를 구하고 피해까지 대신 보상하겠다고 말했어요. 예수님의 사랑은 모든 갈등을 치료하고 관계를 회복하는 사랑이에요.

적용

복음으로 역사하는 사랑은 갈등을 회복하고 화목하게 합니다. 우리는 복음을 받아들였을 때 갈등을 해결하는 중재자의 역할도 받았어요. 예수님이 우리를 하나님과 화목하게 하셨기 때문이에요. 우리는 하나님의 진노 아래 있는 자였지만, 예수님이 우리를 위해서 화목 제물이 되셨어요. 복음을 듣고 예수님을 믿음으로 하나님과 화목하게 된 우리는 이제 예수님을 따라서 화목하게 하는 직분으로 성도와 가정을 섬길 수 있어야 해요. 오늘 예배하며 우리가 주변 성도의 화목을 위한 중재자가 될 수 있기를 기도합시다. 예수님의 사랑이 우리를 통해서 증거되길 기도합시다.

기도

하나님 아버지, 우리는 본질상 진노의 자녀였지만, 예수님이 화목 제물 되심으로 하나님과 화목하게 됨을 감사합니다. 우리가 받은 은혜로 다시 화목하게 하는 직분을 감당할 수 있게 도와주시옵소서. 우리가 가는 곳에 갈등과 아픔이 치유되는 역사가 일어나게 하옵소서.

히브리서 1 | 우리를 위한 예수님의 세 가지 직분

주제 말씀 그러므로 함께 하늘의 부르심을 받은 거룩한 형제들아 우리가 믿는 도리의 사도이시며 대제사장이신 예수를 깊이 생각하라 히브리서 3:1
관련 말씀 히브리서 1~4장

'히브리서'는 '히브리인들에게 쓰는 편지'라는 뜻입니다. 여기서 '히브리인들'은 예수님을 핍박했던 유대인들을 말합니다. 유대인들은 구약 성경만 인정하고 예수님을 믿지 않았어요. 그러다가 사도들의 전도를 받고 교회로 들어온 유대인들이 있었습니다.

그런데 유대인들은 예수님을 영접하기는 했지만, 구약 시대 때 중요했던 신앙 인물들과 예수님이 어떤 관계인지는 잘 몰랐어요. 그래서 예수님보다 구약 성경의 인물들을 더 존경하고 따르는 일도 있었어요. 히브리서는 유대인들에게 구약 성경에 나오는 모든 인물에 관한 말씀은 곧 예수님을 향한 말씀이라는 것을 알려 주고 있어요. 이 당시 유대인들이 가장 존경하는 인물 중에 모세도 있었어요. 그러나 예수님은 구약 성경에 나오는 모든 중요한 사람보다 뛰어나신 분이에요.

구약 시대에 기름 부음을 받은 직분은 세 가지였어요. 왕, 제사장, 선지자였지요. 이 세 가지 직분을 가진 사람들은 모두 특별하게 선택받은 사람들로서 기름 부음을 받았어요. 그러나 이들은 모두 예수님을 나타내는 사람들이었어요. 예수님도 기름 부음을 받으셨어요. 신약 시대에 예수님은 구약 시대에 왕, 제사장, 선지자가 했던 일을 모두 다 하셨어요.

이 세 가지 직분은 구약 시대 때 불완전했어요. 그들은 주어진 임무를 모두 충실히 감당하지 못했어요. 그러나 예수님은 세 가지 직분을 모두 완전하고 충실하게 수행하셨어요. 예수님은 왕으로서, 우리를 악으로부터 완전히 보호하시고 통치하세요. 예수님은 선지자로서, 하나님 말씀을 우리의 심령에 새겨 주세요. 예수님은 제사장으로서 한 번에 완전한 제사를 드리셨어요.

적용

예수님은 우리를 위해서 지금도 세 가지 일을 하고 계세요. 우리가 어디에서 무엇을 하든지 우리의 왕으로 우리를 통치하시고 다스리세요. 또한, 우리의 선지자로 우리가 하나님 말씀을 깨닫고 그 말씀에 순종할 수 있게 도와주세요. 그리고 우리의 제사장이 되어 주셔서 우리의 기도를 하나님께 올려 주세요. 오늘 예배하며 예수님께 감사합시다. 우리의 왕으로서 우리를 악에서 보호해 주시고, 우리의 선지자로서 말씀 안에서 살게 도와주시고, 제사장으로서 우리를 위해 죽으셨을 뿐만 아니라 우리의 기도를 하나님께 올려 주시는 은혜에 감사합시다.

기도

하나님 아버지, 예수님이 구약 시대의 세 가지 직분으로 우리를 도와주시고 구원해 주셔서 감사합니다. 힘들고 어려울 때마다 예수님을 묵상하며 참된 평안과 안식을 누릴 수 있게 도와주세요.

히브리서 2 | 우리를 위해 어린양이 되신 예수님

주제 말씀 이제 자기를 단번에 제물로 드려 죄를 없이하시려고 세상 끝에 나타나셨느니라 히브리서 9:26
관련 말씀 히브리서 5-10장

히브리서에는 예수님의 세 가지 직분 중에서 제사장 직분에 관해 많이 기록되어 있어요. 이 당시에 교회로 온 유대인들은 아직도 제사장이 필요하다고 생각하고 있었어요. 그러나 예수님이 죽으시고 부활하신 후로는 더 이상 제사장이 필요하지 않아요. 왜냐하면 예수님이 제사장이 되어 주셨고, 우리를 위해서 제사의 제물까지 되시어 십자가에서 돌아가셨기 때문이에요.

예수님이 오시기 전에는 제사장의 역할이 중요했어요. 구약 시대에 제사장은 이스라엘 백성과 하나님 사이에서 중재자 역할을 했어요. 백성들이 죄를 지었을 때 죄를 해결하고 하나님과 화목하게 하는 역할을 했지요.

하나님은 완전하게 거룩하시고 공의로우신 분이기 때문에 죄와 함께하실 수 없어요. 구약 시대 사람들은 죄를 가진 채로 하나님을 만날 수도 없었고, 하나님께 기도할 수도 없었어요. 하나님과 교제하기 위해서는 반드시 죄의 문제를 해결해야 했어요. 죄를 지을 때마다 제물을 성전에 가지고 나와서 제사장이 인도하는 형식에 따라서 예배를 드릴 때 백성의 죄가 해결되었어요.

그러나 이제 예수님이 오셔서 직접 제사장으로서 자기 자신을 제물로 하나님께 바치셨어요. 우리와 하나님을 화목하게 하는 희생 제물이 되셨어요. 십자가에서 예수님은 우리를 위한 어린양이 되시어 피를 흘리고 돌아가셨어요.

예수님을 믿는 사람은 이제 다시 희생 제물을 드리지 않아도 돼요. 예수님을 믿기만 하면 하나님이 우리의 모든 죄를 용서해 주세요. 그리고 죄를 지을 때마다 예수님의 이름으로 하나님께 용서를 구하면 하나님이 우리를 깨끗하게 해주세요. 예수님은 우리의 제사장이세요.

적용

하나님은 공의로우신 분이기 때문에 죄를 반드시 벌하세요. 우리가 죄를 용서받으려면 반드시 피를 흘리는 죽음의 벌을 치러야만 해요. 그래서 구약 시대 때 죄를 지은 사람은 반드시 짐승에게 자기 죄를 전가시키고 피를 흘리는 제사를 드림으로써 용서를 받고 하나님과 화목할 수 있었어요. 그런데 예수님이 오셔서 우리를 위해 피를 흘리심으로 산 제물이 되어주셨어요. 이 은혜 때문에 우리는 하나님께 나아가 기도할 수 있게 되었고, 하나님의 은혜와 복을 받게 되었어요. 오늘 예배하며 나의 죄 때문에 죄인의 신분이 되시어 십자가 형벌로 피를 흘리신 예수님의 은혜에 감사드립시다.

기도

하나님 아버지, 독생자 예수 그리스도를 보내 주신 은혜에 감사합니다. 예수님의 희생으로 하나님의 자녀로서 하나님과 함께하는 복을 누릴 수 있게 되어 감사합니다.

히브리서 3 | 우리의 본향은 하늘이에요

주제 말씀 그들이 이제는 더 나은 본향을 사모하니 곧 하늘에 있는 것이라 이러므로 하나님이 그들의 하나님이라 일컬음 받으심을 부끄러워하지 아니하시고 그들을 위하여 한 성을 예비하셨느니라 히브리서 11:16
관련 말씀 히브리서 11-13장

이 당시에 유대인들이 예수님을 믿는 것은 큰 희생을 감수해야 하는 결단이었어요. 유대인들은 로마 제국의 영토 중 많은 지역에 퍼져서 공동체를 이루며 생활하고 있었는데, 예수님을 믿는다고 하면 동료 유대인들에게 따돌림을 당하고 경제적으로도 매우 힘든 불이익을 당했어요. 일반 유대인들은 예수님을 너무나 싫어했어요. 그들이 보기에 예수님은 하나님을 모독한 죄로 십자가형을 받은 자였기 때문이에요. 유대인들은 예수님을 믿는 즉시 다른 사람들과 관계가 끊어지고 고난과 핍박 속에서 고통을 당했어요.

그러나 히브리서는 구약 성경에 나오는 많은 신앙인이 오직 하나님을 믿는 믿음으로 고난을 이겼다는 사실을 풍성하게 증거하고 있어요. 히브리서 11장은 '믿음 장'이라고 불리며, 믿음이 얼마나 큰 능력인지를 보여 주어요. 아벨, 에녹, 노아, 아브라함, 이삭, 사라 등을 나열하며 이들이 가진 신앙의 본질은 인간적인 뛰어난 능력이나 율법을 잘 지키는 행위가 아니라, 고난 중에도 하나님의 섭리와 인도를 믿는 믿음이었다고 말해요.

이들은 모두 믿음으로 이 땅에서 불이익을 당했고 때로는 고난으로 힘든 삶을 살았지만, 결코 불행한 삶은 아니었어요. 믿음의 사람들은 결코 이 땅에 소망을 두지 않았어요. 마치 자기 나라를 떠난 나그네처럼 살았지요. 나그네는 항상 고향을 그리워하며 살아가요. 모든 믿음의 사람은 나그네로서 하늘 본향을 사모하며 살아간 사람들이었어요. 하나님은 이런 믿음의 사람들을 위해서 한 성을 예비해 두었다고 약속하셨어요.

적용

예수님을 믿는 우리는 이제 이 땅에 속한 사람이 아니에요. 하늘에 속한 사람이지요. 이 땅에서 사는 삶은 잠시 머물다 가는 나그네 삶이지요. 하늘에 속한 사람은 이 땅에서 당하는 어려움으로 잠시 슬퍼할 수는 있지만, 절망하지 않아요. 우리가 영원히 살 곳은 하나님 앞이기 때문이에요. 또한 하나님이 우리를 위해 한 성을 예비해 두셨기 때문이에요. 오늘 예배하며 하늘 본향을 사모합시다. 이 땅에 소망을 두지 않고, 우리를 위해 한 성을 예비해 두신 하나님께만 소망을 둘 수 있기를 기도합시다.

기도

하나님 아버지, 이 땅의 본향보다 더 나은 하늘 본향을 허락해 주셔서 감사해요. 이 땅에 소망을 두지 않고 하늘 본향을 바라보며 고난과 어려움을 모두 이겨 낼 수 있게 도와주세요.

야고보서 1 | 믿음은 행함으로 증명돼요

주제 말씀 네가 보거니와 믿음이 그의 행함과 함께 일하고 행함으로 믿음이 온전하게 되었느니라 야고보서 2:22
관련 말씀 야고보서 1-5장

 야고보서는 예수님의 형제 야고보가 여러 교회가 돌아가며 읽도록 기록한 편지예요. 특히 각 교회에 있는 유대인들을 위해서 쓴 성경이지요. 유대인들은 로마 제국의 여러 도시에 흩어져 살면서 꽤 큰 성공을 이루었어요. 야고보 사도는 그런 유대인들에게 참 믿음에 대해서 말했어요. 참 믿음은 예수님의 말씀대로 사는 거예요.

 이 당시에 처음 예수님을 믿은 유대인들 중에는 예전에 가지고 있던 형식적인 믿음을 가진 사람들이 있었어요. 원래 유대인들은 몇 가지 형식적인 신앙 규칙만 지키면 구원을 얻을 만한 자격이 된다고 생각했어요.

 그러나 야고보는 그것은 참 믿음이 아니라고 했어요. 다시 말하면, 행함이 없는 믿음은 죽은 것이라고 말했어요. 예수님을 믿는다고 말하면서 실제로는 거짓말을 하고, 가난한 사람을 무시하며, 이기적이고, 욕심만 부린다면 진짜 믿음이 아닐 수 있다고 이야기했어요. 왜냐하면 예수님이 나를 위해서 십자가에서 돌아가신 은혜와 사랑에 정말로 감사하다면, 예수님의 말씀대로 살지 않을 수가 없기 때문이에요.

 예수님을 영접하면 성령님이 우리에게 선한 마음을 주세요. 욕심과 탐심을 깨닫게 하시고, 하나님과 이웃을 사랑하는 마음을 주세요. 가난한 사람을 보면 돕고 싶은 마음이 생기거나 어려움에 처한 사람을 보면 불쌍한 마음이 들어요. 이전에는 나 자신만을 생각했다면 점점 다른 사람을 불쌍히 여기는 마음이 생겨요. 진짜 예수님을 믿는 사람은 마음에 변화가 시작되지요.

그래서 야고보서는 행함으로 믿음이 온전하게 된다고 말해요. 또한 믿음은 행함과 함께 일한다고 하지요. 믿음은 사랑의 수고로 드러날 때 진짜 믿음이라고 할 수 있어요.

적용

예수님의 은혜에 감사하고 예수님을 영접했다는 말이 진실인지 어떻게 알 수 있을까요? 스스로 하나님 앞에서 자신을 돌아보면 알 수 있어요. 참 믿음은 우리를 변화시켜요. 하나님의 사랑과 거룩을 점점 닮아 가지요. 내 죄성이 점점 거룩으로 변해요. 오늘 예배하며 예수님을 믿고 나서 나에게 어떤 변화가 있었는지 생각하고 말해 봅시다. 앞으로 하나님의 사랑을 누구에게 어떻게 보여 주고 실천할지 구체적으로 나누고 기도합시다.

기도

하나님 아버지, 우리의 믿음이 어려운 이웃을 불쌍히 여기고 가족을 더욱 사랑하는 변화로 나타나기를 원합니다. 예수님을 믿는 믿음이 서로를 불쌍히 여기는 마음으로 드러날 수 있게 도와주세요.

베드로전서 1 | 하나님은 모든 일을 섭리하세요

주제 말씀 너희 믿음의 확실함은 불로 연단하여도 없어질 금보다 더 귀하여 예수 그리스도께서 나타나실 때에 칭찬과 영광과 존귀를 얻게 할 것이니라 베드로전서 1:7
관련 말씀 베드로전서 1–3장

    베드로전서는 예수님의 제자 베드로의 편지입니다. 이 편지는 여러 교회가 돌아가며 읽고 신앙을 세우도록 기록된 말씀입니다. 이 편지를 받았던 교회들은 유대인, 이방인, 노예 등 다양한 문화와 배경을 가진 성도들로 구성되어 있었습니다.

    편지가 기록될 당시는 로마 황제 네로의 박해로 신앙생활을 하기가 매우 힘들었어요. 특히 네로는 로마시에서 발생한 대화재를 그리스도인들의 책임으로 돌려서 기독교를 심하게 박해했어요. 베드로는 이런 위기 앞에서 성도들이 소망을 가지고 믿음 가운데 굳게 설 수 있도록 격려하기 위해 이 편지를 썼어요.

    베드로전서는 고난받는 성도에게 주는 소망과 격려의 말씀을 풍성하게 전하고 있어요. 하나님은 믿음의 자녀에게 일어나는 모든 일을 섭리하십니다. 특히 하나님은 우리가 당하는 고난을 무한한 지혜로 다루어 가세요. 고난이 단지 고통으로 끝나지 않게 하시고, 반드시 하나님의 뜻과 계획을 이루는 데 사용하시지요. 모든 고난 속에서 일어나는 사건을 합력하여 선을 이루시고, 고난 중에라도 하나님의 자녀를 통치하시며, 고난 속에서 우리 안에서 시작하신 구원이 실패하지 않도록 보존해 가세요.

야곱의 아들 요셉은 죽음의 위기를 당하고 감옥에 갇혔어요. 하지만 하나님은 요셉의 고난을 모두 사용하셔서 하나님의 계획과 뜻을 이루셨어요. 하나님은 하나님 자녀들의 고난을 반드시 선하게 이끌어 가세요. 온전하고 거룩하게 빚어 가실 뿐만 아니라 연약한 신앙을 연단하셔서 금보다 귀하게 거듭나게 하십니다. 그리고 결국 예수 그리스도가 나타나실 때 칭찬과 영광과 존귀를 얻게 하실 것을 약속하셨어요.

적용

하나님을 믿지 않는 사람들에게 고난은 고통이에요. 그러나 하나님을 믿는 우리에게 오는 모든 고난은 하나님이 하나님의 계획 가운데 사용하세요. 고난을 통해서 하나님의 목적을 이루시지요. 우리를 거룩하게 빚어 가시고 온전한 믿음을 갖게 하셔서 하나님의 능력과 선하심과 지혜를 드러내는 데 사용하세요. 오늘 예배하며 우리에게 닥친 고난과 어려움 앞에서 두려워하지 않기를 위해 기도해요. 하나님이 이 모든 어려움을 선하게 인도해 주실 것을 믿고 기도해요.

기도

하나님 아버지, 우리에게 오는 모든 고난을 하나님이 우리의 성장을 위해서 사용하실 것을 믿습니다. 고난 중에 낙심하지 않게 하시고, 금보다 귀한 믿음으로 인도하실 것을 온전히 바라보고 소망할 수 있도록 도와주시옵소서.

베드로전서 2 | 고난은 잠깐이지만, 영광은 영원해요

주제 말씀 모든 은혜의 하나님 곧 그리스도 안에서 너희를 부르사 자기의 영원한 영광에 들어가게 하신 이가 잠깐 고난을 당한 너희를 친히 온전하게 하시며 굳건하게 하시며 강하게 하시며 터를 견고하게 하시리라 베드로전서 5:10
관련 말씀 베드로전서 4-5장

베드로전서는 베드로가 고난을 받고 있던 여러 교회를 향해서 쓴 편지예요. 베드로 사도는 베드로전서 1장 1절에서 이 편지를 받는 교회를 향해 '흩어진 나그네'라고 표현하고 있어요. 여기서 말하는 나그네는 현실을 도피한 사람이 아니라, 외국인과 같은 처지인 사람을 말해요. 자신의 권리와 이익이 보장되지 않은 채 낯선 땅에서 살아가는 사람이지요. 마치 구약 시대에 바벨론 땅에서 이방인으로 살았던 이스라엘 백성과 같아요.

성경에 나오는 많은 믿음의 사람은 나그네였어요. 그리고 그들에게는 고난이 있었어요. 다윗 같은 경우 기름 부음을 받고 왕으로 선택되었지만, 오랜 기간 핍박과 고난을 받으며 지내야만 했어요.

그러나 나그네의 삶은 고통으로 끝나지 않아요. 우리는 이 땅에서 나그네이지만, 돌아갈 본향이 있는 하나님의 자녀예요. 우리는 하늘에 속한 사람이에요. 이 땅은 결코 영원하지 않아요. 언젠가 우리는 모두 이 땅을 떠나요. 세상 사람들은 이 땅이 영원한 것처럼 생각해 이 땅에 있는 것들을 위해서 모든 것을 걸고 살아가요.

그러나 그리스도인인 우리는 그렇지 않아요. 하나님 나라에 속한 사람이기 때문에 때로는 이 땅과 어울리지 못할 때도 있어요. 때로는 교회를 다닌다는 이유로 심한 어려움을 당하기도 해요. 베드로전서를 받은 성도들은 불같은 시험을 당하기도 했어요.

그러나 베드로 사도는 이러한 일을 이상히 여기지 말라고 말했어요. 왜냐하면, 하나님 앞에서 영광스러운 일이기 때문이에요. 오히려 고난을 만나면 즐거워하라고까지 말했어요. 왜일까요? 하나님이 고난으로 우리에게 더욱 강한 믿음을 주시고, 누구도 감당하지 못할 하나님의 군사로 세워 주시며, 결국 믿음이 이긴다는 진리를 보여 주시기 때문이에요.

적용

성경은 현재 고난은 장차 하나님의 자녀에게 나타날 영광과 족히 비교할 수 없다고 말해요. 이 땅에서 고난은 잠시요, 하늘에서 누릴 영광은 영원해요. 마치 해산하는 여인의 고통이 자녀가 자라는 가운데 주는 기쁨과 비교할 수 없는 것과 같아요. 그 기쁨은 과거의 모든 고통을 잊게 할 뿐만 아니라 고통에 대한 큰 위로가 돼요. 오늘 예배하며 우리가 고난을 당할 때도 하늘 영광을 바라보며 소망을 가질 수 있도록 기도합시다. 하나님이 주시는 인내로 견딜 수 있도록 힘을 더해 주시길 기도합시다.

기도

하나님 아버지, 이 땅에서 사는 과정이 쉽지 않을 때가 많음을 고백합니다. 믿음으로 살 때 오는 모든 고난 속에서 소망을 잃지 않게 하시고, 인내로 견디며, 하나님이 주실 위로와 기쁨을 바라보도록 인도해 주시옵소서.

베드로후서 1 | 예수님은 마지막 때 심판주로 오세요

주제 말씀 주의 약속은 어떤 이들이 더디다고 생각하는 것같이 더딘 것이 아니라 오직 주께서는 너희를 대하여 오래 참으사 아무도 멸망하지 아니하고 다 회개하기에 이르기를 원하시느니라 베드로후서 3:9
관련 말씀 베드로후서 1-3장

  베드로후서는 베드로 사도가 베드로전서에 이어 여러 교회를 향해 쓴 편지예요. 베드로전서를 쓴 후에 들려온 소식은 성도들의 믿음을 빼앗으려는 잘못된 가르침과 고난의 소식이었어요.

  이 당시에 복음이 빨리 전파되면서 유혹과 핍박이 많았어요. 특히 예수 그리스도에 관한 진리를 부정하고, 성도의 삶이 타락하도록 유혹하고, 교회를 핍박했어요. 그래서 교회가 세상의 힘에 굴복하거나 무너질 수 있다는 두려움 때문에 마지막 때에 대한 믿음이 흔들렸어요.

  그러나 베드로후서는 이 두려움을 이길 수 있는 소망을 종말에 관한 말씀으로 주고 있어요. 마지막 때의 심판을 분명하게 말하고 있어요. 예수님은 반드시 재림하셔서 잘못된 가르침을 전하는 자와 교회를 핍박하는 자를 심판하시고, 하나님의 공의를 바로 세우신다고 약속하고 있어요. 하나님은 노아 시대에 홍수로 불의한 자들을 심판하셨고, 타락한 소돔과 고모라는 불을 내려 심판하셨어요. 하나님은 반드시 마지막 날에 예수님의 재림으로 하나님의 공의를 세우실 거예요.

  하나님이 이 세상 최고의 선이세요. 선과 악의 기준이세요. 그래서 하나님을 거부하고 하나님 말씀을 받지 않는 모든 자를 심판하세요. 하나님은 독생자의 십자가 피를 통해서 무한한 사랑을 보여 주셨지만, 이것을 믿지 않는 사람에게는 무한한 저주가 임하게 돼요. 너무나 무섭고 두려운 심판이에요. 하나님도 사람들이 이 심판을 받지 않고 회개하고 돌아오기를 원하십니다. 하나님은 마지막 때에 우리에게 승리를, 악한 자에게 멸망을 주세요.

적용

사도신경은 예수님이 산 자와 죽은 자를 심판하러 오신다고 고백해요. 하나님은 예수님의 십자가를 통해서 하나님의 사랑을 보여 주셨고, 예수님의 재림을 통해서 하나님의 공의를 보여 주실 거예요. 마지막 때 신자에게 영원한 영광을 주시고, 불신자에게 영원한 저주를 주세요. 오늘 예배하며 악을 모두 소멸하실 하나님의 심판을 기억하고, 이 땅의 모든 고난을 이길 힘을 달라고 기도합시다.

기도

하나님 아버지, 마지막 때에 하나님의 공의를 약속해 주셔서 감사해요. 이 땅에서 억울한 일을 당해도 하나님의 공의를 반드시 보여 주실 것을 믿어요. 또한 믿지 않는 사람들이 회개하고 돌아올 수 있게 우리를 복음의 도구로 사용해 주세요.

요한일서 1 | 하나님의 사랑으로 세상을 이겨요

주제 말씀 어느 때나 하나님을 본 사람이 없으되 만일 우리가 서로 사랑하면 하나님이 우리 안에 거하시고 그의 사랑이 우리 안에 온전히 이루어지느니라 요한일서 4:12
관련 말씀 요한일서 1-5장

　요한일서는 예수님의 제자 요한의 편지입니다. '사랑의 사도'라 불리는 요한은 요한복음, 요한일·이·삼서와 요한계시록을 기록했습니다. 요한일서는 에베소교회를 포함해 주변 교회를 위해서 쓰였는데, 예수 그리스도에 대한 바른 지식과 하나님과 바른 교제를 통한 믿음의 성장을 위해서 기록되었어요.

　우리의 믿음은 하나님의 사랑으로 시작되었어요. 하나님이 먼저 우리를 사랑하셨어요. 우리가 죄로 인해 하나님과 원수 되었을 때 이미 하나님은 독생자 예수님을 십자가에 못 박아 우리의 죄에 대한 형벌을 대신 받게 하셨어요. 하나님의 사랑은 십자가를 통해서 증거되었어요. 십자가를 통해서 우리의 죄에 대한 책임을 하나님의 아들이신 예수님이 모두 감당하셔서 우리가 하나님과 화목할 수 있게 되었어요. 십자가를 통해서 비로소 우리는 하나님과 교제할 수 있게 되었습니다.

　하나님이 먼저 우리를 사랑하셨어요. 이 사랑으로 우리와 교제가 시작되었어요. 하나님은 말로 우리를 사랑하신 것이 아니라, 실제로 그 사랑을 보여 주셨어요. 우리는 하나님을 점점 더 알아 가게 될 때 사랑을 몸소 보여 주신 그분의 희생과 헌신을 배우게 되어 있어요. 하나님과 교제하면 이 사랑을 닮아 가게 되어요.

하나님과 친밀한 교제는 성도에 대한 사랑과 이웃에 대한 희생으로 드러나요. 성도를 위해서 수고하기를 주저하지 않게 됩니다. 이렇게 서로 하나님 사랑으로 하나가 되고, 서로가 서로에게 이 세상에서 누구보다 큰 위로와 힘이 된다면 얼마나 든든할까요. 하나님 사랑으로 서로 섬길 때 이 세상의 어떤 힘도 교회를 무너뜨리지 못하고, 우리는 사랑 안에서 서로 견고한 힘을 얻게 되어요.

≋ 적용

하나님을 사랑한다는 고백은 어떻게 삶으로 드러나는 것일까요? 그것은 성도가 서로를 불쌍히 여기고, 서로를 위해 기도하며, 서로 열심을 내어 돕고 희생하는 것으로 드러나요. 하나님은 우리를 사랑하시되 말로만 사랑하지 않으시고, 독생자를 십자가에 내어주는 희생과 헌신으로 증명하셨어요. 사랑은 말과 혀로만 하는 것이 아니에요. 오늘 예배하며 사랑을 표현해야 할 형제와 자매는 누구인지 나누어 보아요. 어려움에 처해 도움이 필요한 성도가 있다면 어떻게 도와야 할지 지혜를 구해 봅시다.

🏠 기도

하나님 아버지, 먼저 우리에게 사랑을 보여 주셔서 감사해요. 그 사랑으로 우리가 구원을 얻고 하나님의 사랑을 배워 교회와 이웃을 섬기게 해주세요. 우리가 하나님의 복의 통로가 되게 해주세요.

요한이서 1 | 신앙은 사랑 안에서 자라요

주제 말씀 부녀여, 내가 이제 네게 구하노니 서로 사랑하자 이는 새 계명같이 네게 쓰는 것이 아니요 처음부터 우리가 가진 것이라 요한이서 1:5
관련 말씀 요한이서 1장

  요한이서는 사도 요한이 쓴 편지예요. 요한일서처럼 에베소교회를 포함해 주변 교회를 위해 기록되었어요. 요한이서는 요한일서처럼 하나님 사랑을 서로 실천하면서 이단을 경계하라고 말해요. 예수님을 영접하고 하나님의 자녀가 되면 이제 사랑은 선택이 아니라 필수예요. 사랑은 힘들어도 힘을 내서 해야 하는 신앙의 본질이에요.

  성경에서 하나님이 우리에게 어떤 말씀을 명령하시거나 촉구하실 때가 있어요. 왜 그럴까요? 우리가 하려고 하는데 잘 안 되는 일에 대해서 그렇게 하세요. 하나님이 특별히 말씀하시는 구절은 우리 자신을 위해서도 너무나 중요해요. 예를 들어, 기도는 선택이 아니라 필수예요. 우리 육신이 약해서 기도해야 하지만 기도를 못 할 때도 많아요. 이 점을 아시는 하나님은 우리에게 기도하라고 명하세요.

  예수님도 기도하다 잠든 제자들에게 깨어 있으라고 촉구하셨어요. 또한 우리는 때로 감사해야 하는 것을 알지만 불평할 때가 많아요. 이것을 아시는 하나님은 우리에게 감사하라고 명령하세요. 이런 촉구의 말씀은 우리를 하나님 앞에서 성장시키시기 위해서 주신 말씀이에요.

우리가 서로 사랑할 때 일도 잘 할 수 있어요. 우리는 아직 죄의 영향 아래 있기 때문에 사랑하기보다 미워할 때가 많아요. 미움은 서로의 관계를 멀어지게 만들고 상처를 주지요. 가끔 아주 가까운 친구나 가족에 대해서 미움이 생기기도 해요. 미움을 그냥 두면 사탄이 틈을 타서 시험에 들게 하고 믿음의 성장을 막아요.

하나님은 사랑하라고 촉구하고 명하기도 하세요. 사랑은 우리의 믿음을 굳게 세우고, 우리를 공격하는 핍박과 이단의 시험을 막을 수 있어요.

적용
하나님은 우리를 위해서 중요한 진리를 촉구하세요. 하나님이 사랑을 촉구하시지만, 잘 안 될 때가 많아요. 미워하는 것보다 사랑하는 것이 서로를 더욱 세워 주고 회복과 위로를 주어요. 교회를 든든하게 세울 뿐만 아니라 상처와 고통을 회복시켜 주어요. 하나님은 사랑이시기 때문에 우리도 사랑하기 위해서 노력해야 해요. 오늘 예배하며 하나님의 사랑을 깊이 알기를 위해서 기도해요. 하나님 사랑을 닮아서 우리 역시 서로를 더욱 사랑할 힘을 주시길 기도해요.

기도
하나님 아버지, 사랑을 먼저 우리에게 보여 주셔서 감사해요. 우리도 하나님을 닮아 사랑으로 서로 섬기고 용서하고 서로를 위해 더욱 수고할 수 있게 도와주세요.

요한삼서 1 | 섬기는 사람이 복을 받아요

주제 말씀 사랑하는 자여 악한 것을 본받지 말고 선한 것을 본받으라 선을 행하는
자는 하나님께 속하고 악을 행하는 자는 하나님을 뵈옵지 못하였느니라
요한삼서 1:11
관련 말씀 요한삼서 1장

요한삼서는 사도 요한이 쓴 편지예요. 이 편지에서 요한은 성도들에게 신실한 사역자를 환대하고 잘 섬길 것을 당부하고 있어요. 이 당시에 사역자들은 대부분 자비량으로 순회 사역을 했어요. 여러 교회를 방문하며 말씀으로 섬기고 신앙을 돌보는 사역자들이었어요.

요한삼서는 순회 사역자에 대한 섬김을 이야기해요. 섬김에 대한 좋은 모델과 나쁜 모델을 소개하면서, 복음을 위해서 수고하는 이들을 귀하게 여기고 존중하라고 가르치지요. 가이오와 데메드리오와 같은 사람은 귀한 섬김으로 모범이 되었고, 디오드레베 같은 사람은 본받지 말아야 할 사람으로 소개되고 있어요. 성경이 전해지는 곳마다 귀한 섬김의 모범이 되는 사람이 계속해서 소개되고 있어요.

우리는 예수님 안에서 지체가 되어서 은혜에 따라 직분을 받아요. 특별히 복음을 위해서 자기 평생을 하나님께 드리기로 작정한 사역자를 귀하게 섬겨야 해요. 문화와 언어가 다른 나라에서 복음을 전하는 선교사님들이나 어려운 교회를 오랫동안 섬기는 목회자와 그 가족들에 대한 존경과 섬김은 복음 증거를 위한 중요한

사역이에요. 교회는 하나님을 사랑하고 복음 증거를 위해서 직분을 받은 분들을 통해서 세워지고 유지됩니다. 하나님을 향한 사랑은 교회 안에서 직분자뿐만 아니라 수고하고 헌신하는 분들을 통해서 더욱 드러나게 됩니다.

세상에는 중요한 기관이 많지만, 그중에 교회가 가장 중요해요. 영원한 생명을 잉태하는 곳이기 때문이에요. 서로 사랑으로 섬기고 서로의 어려움에 대해서 적극적으로 돕고 섬기는 것은 하나님 사랑에 대한 고백입니다.

적용

교회에는 직분이 있습니다. 모든 직분은 예수님의 몸 된 교회를 든든하게 세우는 역할이에요. 교회에서 청소를 하거나 식사 후 설거지를 하는 것도 매우 귀한 일이지요. 교회를 섬기는 이들을 돕고 힘든 일이 있을 때 함께하는 것은 하나님 사랑에 대한 고백이에요. 이런 사랑을 통해서 서로 예수님에 대한 믿음이 자라납니다. 오늘 예배하며 잘 섬기고 도와야 할 직분자가 있다면 누구인지 나누어 봅시다. 혹시 직분자의 가족 중에 어려움에 처한 사람이 있다면 어떻게 섬기고 도울지 이야기해 봅시다.

기도

하나님 아버지, 우리를 몸 된 교회의 지체로 불러 주셔서 감사합니다. 겸손한 마음과 섬기는 힘을 허락해 주셔서 하나님의 사랑이 드러나 주의 몸 된 교회가 든든하게 서 나갈 수 있도록 도와주시옵소서.

유다서 1 | 서로의 약함을 불쌍히 여겨요

주제 말씀 하나님의 사랑 안에서 자신을 지키며 영생에 이르도록 우리 주 예수 그리스도의 긍휼을 기다리라 어떤 의심하는 자들을 긍휼히 여기라 유다서 1:21-22
관련 말씀 유다서 1장

　유다서는 예수님의 형제 유다가 기록한 편지예요. 이 편지를 받는 교회가 어디인지는 정확하지 않으나, 내용으로 볼 때 이단의 공격으로 힘든 상황에 놓인 교회를 위해서 기록되었어요.

　초대 교회 당시에 영지주의라는 이단이 있었어요. 이들은 육체는 악하고 영은 선하다고 생각했어요. 그래서 예수님의 성육신 사건을 부정하며, 육체는 구원과 상관이 없기 때문에 도덕적으로 방탕해도 괜찮다고 여겼어요.

　유다는 이러한 잘못된 가르침을 주는 자들에게 하나님의 엄중하고 두려운 심판이 반드시 임할 것이라고 말했어요. 그리고 잘못된 가르침을 주는 자들을 경계하며 그들의 가르침에 미혹되지 않도록 서로 기도하며 하나님 사랑 안에 거하라고 권면했어요.

　교회는 예수님 당시부터 지금까지 항상 고난을 당했어요. 왜냐하면, 영원한 생명을 주는 복음이 선포되는 교회를 악한 세력이 끊임없이 방해하기 때문이에요. 그래서 예수님은 주기도문에서 시험에 빠지지 않도록 기도하라고 말씀하셨어요.

　우리는 기도할 때 악한 영에게 미혹되어 시험에 빠지지 않기 위해서 기도해야 합니다. 자신만 아니라 주님의 몸 된 교회가 이런 고난에서 이기고 구원의 방주 역할을 잘 감당하기 위해 말씀 위에 굳게 서도록 힘을 써야 해요. 특히 믿음이 연약한 형제자매를 위해서 서로 더욱 열심을 내어 기도하고 권면할 수 있어야 해요. 유다서는 혹시 이런 고난과 핍박에 미혹되거나 의심하는 사람이 있을 때 정죄하지 말고 불쌍히 여기라고 말하고 있어요.

적용

세상에서는 재능이 뛰어나고 강한 사람이 인정받아요. 그러나 교회는 달라요. 교회는 약하고 힘이 없어도 서로 사랑으로 세워 주고 인정하고 존중하는 곳이에요. 우리는 아직도 죄의 성향이 있기에 유혹을 받을 수 있어요. 그래서 하나님은 우리를 예수님을 통해서 교회로 부르시고, 서로의 약함을 위해서 기도하고 격려하며 서로 불쌍히 여기라고 말씀하셨어요. 약함은 흠이 아니에요. 서로의 약함을 나의 약함으로 알고, 내 문제처럼 기도해야 합니다.

기도

하나님 아버지, 우리를 주님의 몸 된 교회로 불러 주셔서 감사해요. 예수님 안에서 지체가 되었기에 서로의 약함을 불쌍히 여기고 기도할 수 있는 사랑의 마음을 부어 주세요.

요한계시록 1 | 하나님은 교회를 보호하세요

주제 말씀 그의 오른손에 일곱 별이 있고 그의 입에서 좌우에 날선 검이 나오고 그 얼굴은 해가 힘있게 비치는 것 같더라 요한계시록 1:16
관련 말씀 요한계시록 1-3장

요한계시록은 사도 요한이 소아시아에 있는 일곱 교회를 위해 쓴 편지예요. 신약 시대 대부분의 교회는 큰 고난을 당하고 있었어요. 로마 제국의 황제를 신으로 숭배하라는 법으로 인해 교회에 대한 탄압이 점점 심해지고 있었고, 유대교와 여러 이단의 공격에 시달리고 있었어요. 요한계시록을 기록한 예수님의 제자 사도 요한도 핍박으로 밧모섬에 유배된 상황이었어요. 이 당시 믿음을 지키기 위해서는 순교를 각오해야 했어요.

교회는 점점 어려운 상황에 내몰리고 있었지만, 하나님은 요한계시록을 통해서 당시 교회에게 큰 위로와 승리에 대한 약속의 말씀을 주셨어요. 요한계시록은 마지막 때에 일어날 무서운 이야기가 결코 아니에요. 심한 핍박과 고난 중에 있던 교회에게 주신 말씀으로, 하나님이 예수님의 보혈로 하나님의 자녀 된 백성들을 어떻게 악한 영과 세상의 핍박에서 싸우시고 지키실지, 마지막 때에 어떤 완전한 회복을 주실지에 관한 말씀입니다.

요한 당시 교회는 지금과 같은 건물이 없었고, 핍박 가운데 드러나지 않게 모여서 예배를 드렸어요. 숫자도 많지 않았어요. 세상적인 힘도 없었어요. 어떤 세상 권력도 교회를 보호해 주지 않았어요. 그러나 하나님이 교회를 예수님의 보혈 위에 세우셨기 때문에 하나님이 우주와 세상의 통치자로서 예수님의 몸 된 교회를 온전하게 보존하시고, 사탄의 시험과 공격에서 최종적인 승리를 주실 것임을 보여 주셨어요.

그래서 비록 고난 가운데 있더라도 소망 가운데 인내하며, 사탄의 머리를 깨뜨리고 이기신 예수님을 온전히 의지하고 바라보도록 격려하고 있어요.

적용

교회는 수많은 사탄의 유혹과 세상의 핍박 가운데서 무너지지 않고 오히려 굳건하게 세워져 왔어요. 아무리 어려운 일이 있어도 교회가 사라지지 않은 이유가 무엇일까요? 교회의 주인이 하나님이시기 때문이에요. 하나님의 계획으로 시작되었고 하나님이 완성하시기 때문이에요. 우리 믿음의 가정도 마찬가지예요. 하나님이 시작하셨어요. 가정이 아무리 어려워도 하나님이 어려움을 이기게 하실 거예요. 오늘 예배하며 우리 가정의 주인이 하나님이시라는 사실을 함께 고백해요. 하나님이 주인 되셔서 지혜와 인내와 소망을 주실 것을 함께 고백해 보아요.

기도

하나님 아버지, 창조주이시며 시간의 시작과 마지막이심을 고백합니다. 우리 가정의 주인이 하나님이시므로 위기 가운데 힘과 능력을 주셔서 인도해 가실 것을 믿습니다.

요한계시록 2 | 하나님은 반드시 악을 멸하세요

주제 말씀 큰 음성으로 이르되 죽임을 당하신 어린양은 능력과 부와 지혜와 힘과
존귀와 영광과 찬송을 받으시기에 합당하도다 하더라 요한계시록 5:12
관련 말씀 요한계시록 4-20장

교회는 역사상 항상 고난을 받았지만, 역사 속에서 사라지지 않았어요. 교회를 핍박하고 공격하는 사탄 마귀의 전략은 실패할 수밖에 없어요. 왜냐하면 하나님이 교회의 주인으로 보호하시고 다스리시기 때문이에요. 요한계시록은 이런 영적 전투를 사도 요한이 받은 환상으로 잘 보여 주고 있어요.

요한계시록에는 일곱 인, 일곱 나팔, 일곱 대접 환상이 나와요. 이 환상은 14만 4,000명으로 상징되는 지상의 교회가 악한 영과 전투하는 과정을 보여 주어요. 영적 전투는 예수님이 오시면서 시작되고, 재림 때까지 지속될 것을 보여 줍니다.

그러나 이 싸움은 이미 이긴 싸움이나 마찬가지예요. 예수님이 십자가에서 고난받으시고 부활하시면서 사탄의 머리는 깨어졌어요. 악한 영의 공격과 핍박은 사탄의 몸부림에 불과해요. 사탄이 아무리 몸부림을 쳐도 무서워 보일 뿐이지, 교회와 성도에게 위협이 되지 않아요. 오히려 핍박과 시험이 올수록 하나님은 강력한 성령님의 능력이라는 놀라운 섭리를 통해서 우리를 지켜 주시고, 때로는 악한 세력을 심판하세요. 예수님의 재림은 이 모든 악을 완전히 소멸할 거예요.

그전까지 있을 영적 전투에 대해서 요한계시록은 '1,260일', '한

때와 두 때와 반 때'나 '천 년'과 같은 정해진 고난 기간을 말하고 있어요. 이것은 역사 가운데 있는 어떤 특정한 시점을 말하는 것이 아니라, 앞으로 오는 모든 교회가 당하게 되는 고난의 과정을 말하는 거예요. 하나님은 이 과정을 우리의 믿음이 견고해지고 천국 백성으로 준비되는 시간으로 사용하십니다. 하나님은 최종 심판 때 완전히 악을 멸하시고, 교회를 그리스도의 신부로 거듭나게 하셔서 새 하늘과 새 땅에서 영광 중에 영원토록 살게 하십니다.

적용

이 땅에서 예수님을 믿고 하나님의 은혜 가운데 살려고 하면 고난이 있어요. 예수님을 무시하거나 교회 다니는 것을 비웃는 사람도 있어요. 심지어 핍박하기도 해요. 그러나 악한 공격은 오래가지 못해요. 하나님은 예수님의 보혈을 믿는 자에게 특별한 은혜와 능력을 주세요. 기도할 때 담대한 힘과 능력을 더해 주십니다. 결국 믿음이 어떻게 이기는지를 보여 주세요. 우리를 핍박하는 사람이 있다면, 하나님이 우리의 믿음을 지켜 주시고, 핍박하는 자들도 하나님의 심판을 두려워하며 속히 하나님께 돌아올 수 있기를 함께 기도해요.

기도

하나님 아버지, 이 땅에서 신앙을 가지는 일은 쉽지 않아요. 힘들 때가 있어요. 그러나 아버지께서 지켜 주시고, 힘을 더해 주시고, 이 고난을 통해서 우리의 믿음에 복을 더해 주실 것을 믿습니다.

요한계시록 3 | 마지막 때 하나님의 나라가 완성돼요

주제 말씀 성안에서 내가 성전을 보지 못하였으니 이는 주 하나님 곧 전능하신 이와 및 어린양이 그 성전이심이라 그 성은 해나 달의 비침이 쓸데없으니 이는 하나님의 영광이 비치고 어린양이 그 등불이 되심이라 요한계시록 21:22-23
관련 말씀 요한계시록 21-22장

요한계시록의 마지막은 예수님의 재림으로 모든 악이 최종 심판을 받고, 역사 가운데 있었던 모든 교회가 예수 그리스도의 신부로 새롭게 되는 장엄한 모습으로 마무리되어요. 하나님 나라가 완성되어서 다시는 슬픔과 눈물 없이 하나님의 영광스러운 빛 아래 살게 된다는 분명한 사실을 약속하고 있습니다.

이처럼 하나님 나라가 완전하게 이루어지기 전까지 지상에 있는 교회는 악이 끊임없이 공격하며 시험을 주지만, 악은 예수님의 보혈 위에 세워진 교회를 절대 이길 수 없어요. 오히려 교회는 고난 속에서 더욱더 강해져요. 악의 공격은 하나님의 진노만 쌓을 뿐이고, 심판의 명분을 더할 뿐이에요.

그렇지만 하나님은 계속 참으시고, 또 참으세요. 그러나 악에 대한 인내는 영원하지 않아요. 왜냐하면 하나님은 공의로우시기 때문이에요. 우주 만물의 법을 세우신 하나님은 법을 집행하셔서 하나님의 정의를 세우세요.

요한계시록은 하나님의 말씀을 인내로 견디고 지킨 역사상 모든 교회에게 거룩한 새 예루살렘이 될 것이라고 말해요. 새 예루

살렘은 인내로 견디며 역사 가운데 있던 모든 하나님의 백성이에요. 이들에게 회복된 창조에서 왕 노릇 하게 될 것을 약속하고 있어요.

새 예루살렘의 성벽이 144규빗이라고 나와요. 이것은 구약 교회를 상징하는 12지파와 신약 교회를 상징하는 12사도를 곱한 숫자예요. 새 백성은 새 하늘과 새 땅 가운데서 하나님을 대면해 보며, 영원한 평안과 기쁨 가운데서 하나님과 함께 살게 될 거예요. 이것은 반드시 이루어지는 하나님의 약속의 말씀이에요.

〰️ 적용

예수님은 요한복음에서 "세상에서는 너희가 환난을 당하나 담대하라 내가 세상을 이기었노라"(요 16:33)고 말씀하셨어요. 예수님이 이 땅에 오신 것 자체가 이미 세상을 이긴 것과 다름이 없어요. 예수님을 영접한 모든 사람은 이미 악과의 싸움에서 이긴 것과 같아요. 그래서 고난이 오면 힘들 수는 있으나 절망하지 않아도 돼요. 하나님이 반드시 구원을 이루시고, 믿음이 어떻게 승리하는지를 보여 주실 거예요. 오늘 예배하며 이 땅에 오는 모든 고난에 낙심하지 않기를 기도합시다. 이미 모든 악을 이기신 예수 그리스도의 공로만을 의지하여 하늘 영광의 소망으로 살 수 있기를 기도합시다.

🏠 기도

하나님 아버지, 이 땅에서 힘들고 어려운 일이 있을 때마다 항상 믿음으로 고난을 이기신 예수님을 바라볼 수 있게 도와주세요. 우리의 소망을 오직 하나님께만 두고 살 수 있게 해주세요.

사명선언문

너희가 흠이 없고 순전하여……세상에서 그들 가운데 빛들로
나타내며 생명의 말씀을 밝혀 _ 빌 2:15-16

1. 생명을 담겠습니다
만드는 책에 주님 주신 생명을 담겠습니다.
그 책으로 복음을 선포하겠습니다.

2. 말씀을 밝히겠습니다
생명의 근본은 말씀입니다.
말씀을 밝혀 성도와 교회의 성장을 돕겠습니다.

3. 빛이 되겠습니다
시대와 영혼의 어두움을 밝혀 주님 앞으로 이끄는
빛이 되는 책을 만들겠습니다.

4. 순전히 행하겠습니다
책을 만들고 전하는 일과 경영하는 일에 부끄러움이 없는
정직함으로 행하겠습니다.

5. 끝까지 전파하겠습니다
모든 사람에게, 땅 끝까지, 주님 오시는 그날까지
복음을 전하는 사명을 다하겠습니다.

서점 안내

광화문점 서울시 종로구 새문안로 69 구세군회관 1층
02)737-2288 / 02)737-4623(F)

강남점 서울시 서초구 신반포로 177 반포쇼핑타운 3동 2층
02)595-1211 / 02)595-3549(F)

구로점 서울시 동작구 시흥대로 602, 3층 302호
02)858-8744 / 02)838-0653(F)

노원점 서울시 노원구 동일로 1366 삼봉빌딩 지하 1층
02)938-7979 / 02)3391-6169(F)

분당점 경기도 성남시 분당구 황새울로 315 대현빌딩 3층
031)707-5566 / 031)707-4999(F)

일산점 경기도 고양시 일산서구 중앙로 1391 레이크타운 지하 1층
031)916-8787 / 031)916-8788(F)

의정부점 경기도 의정부시 청사로47번길 12 성산타워 3층
031)845-0600 / 031)852-6930(F)

인터넷서점 www.lifebook.co.kr